JN090592

Carte du monde de la Francophonie

Carte de France

ROYAUME-UNI

MER DU NORD

Londres

ALLEMAGNE

MANCHE

Bruxelles

Lille

BELGIQUE

LUXEMBOURG

Hauts-de-France

Rouen

Caen

Normandie

Reims

Nancy

Strasbourg

Mont Saint-Michel

Paris

Île-de-France

Grand Est

Bretagne

Rennes

Pays de la Loire

Orléans

Tours

Centre-Val de Loire

Dijon

Bourgogne-Franche-Comté

SUISSE

Nantes

OCÉAN ATLANTIQUE

Nouvelle-Aquitaine

Genève

Lyon

Auvergne-Rhône-Alpes

Grenoble

ITALIE

Bordeaux

Provence-Alpes-Côte d'azur

Occitanie

Arles

Nice

Toulouse

Montpellier

Marseille

CORSE

ESPAGNE

MER MÉDITERRANÉE

Ajaccio

フランスの地域圏（régions）は、2016年1月に22から13に再編されました。またその後、Occitanie、Grand Est、Nouvelle-Aquitaine、Hauts-de-France という新たな名称も生まれました。上記の13の地域圏に加えて、さらに5つの海外地域圏——Guadeloupe、Martinique、Guyane、La Réunion、Mayotte——があります。

Qu'est-ce que c'est?

NOUVELLE ÉDITION

Akira ISE • Chikako TANIGUCHI • Benjamin SALAGNON

HAKUSUISHA

─── 音声ダウンロード ───

この教科書の音源は白水社ホームページ（www.hakusuisha.co.jp/download/）からダウンロードすることができます（お問い合わせ先：text@hakusuisha.co.jp）。

装幀・本文デザイン　　細野 綾子
イラスト　　　　　　　松原 明代
音声ナレーション　　　Adriana RIKO-YOKOYAMA
　　　　　　　　　　　Benjamin SALAGNON

はじめに

Bonjour！ フランス語の世界にようこそ！ この本はフランス語を初めて学ぶ人たちのために作られました。

各課は4ページで構成されています。まず簡単に文法事項を学習し、その後習ったことを使ってフランス語を読んだり書いたり聞きとったり、クラスメートと簡単なやり取りをしてみましょう。少しでもフランス語がわかるようになれば、実際にフランスの街角で見かける広告や表示も読んで楽しむことができますよ。

フランス語は難しそう？ とんでもない！ タイトルのように《 Qu'est-ce que c'est ? 》「これは何？」と常にいろいろなことに興味を持って積極的に取り組めば大丈夫です。テキストの中にちりばめられた写真はフランス語の世界のほんの一部を示しているにすぎません。近い将来、生のフランス語の世界をあなた自身の目で確かめに行きましょう。

フランス語を通してあなたの世界が大きく広がることを願って……。Bon courage !

2019年秋　著者一同

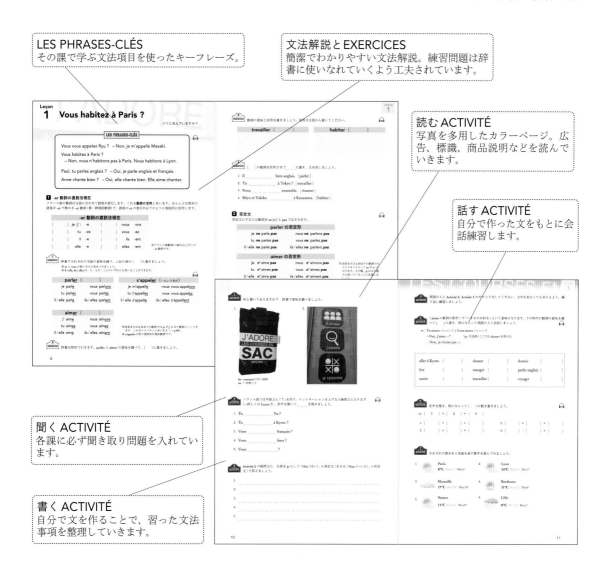

LES PHRASES-CLÉS
その課で学ぶ文法項目を使ったキーフレーズ。

文法解説とEXERCICES
簡潔でわかりやすい文法解説。練習問題は辞書に使いなれていくよう工夫されています。

読むACTIVITÉ
写真を多用したカラーページ。広告、標識、商品説明などを読んでいきます。

話すACTIVITÉ
自分で作った文をもとに会話練習します。

聞くACTIVITÉ
各課に必ず聞き取り問題を入れています。

書くACTIVITÉ
自分で文を作ることで、習った文法事項を整理していきます。

Bonjour, vous allez bien ?

こんにちは、お元気ですか？

LES PHRASES-CLÉS

Bonjour, monsieur. Vous allez bien ? – Très bien, merci. Et vous ?

Au revoir, madame. Bonne journée.

---

1 アルファベ

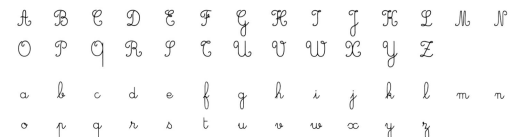

 筆記体で書かれた単語を読んでみましょう。

1. Sapporo   2. Tokyo   3. Gifu   4. Kagoshima

 音声を聞き、綴りを書きとりましょう。

1. ....   2. ....   3. ....   4. ....

2 綴り字記号

´	アクサン・テギュ	(accent aigu)	é
`	アクサン・グラーブ	(accent grave)	à è ù
^	アクサン・シルコンフレクス	(accent circonflexe)	â ê î ô û
¸	セディーユ	(cédille)	ç
¨	トレマ	(tréma)	ë ï ü
’	アポストロフ	(apostrophe)	j'habite
‐	トレ・デュニオン	(trait d'union)	grand-père

3 綴りと発音

フランス語の綴りと発音の関係は規則正しく、基本的な規則を覚えれば、知らない単語も音読できます。
より詳しくは **pp.88-89** を見ましょう。

読まない文字	① **h** （**h** には有音の **h** と無音の **h** がありますがいずれも発音しません。→ p.88）
	② 語末の **e**
	③ 語末の子音字 （ただし **c, f, l, r** は単語によります）
読む文字	① 基本はローマ字読み
	② **ai, ei** [エ]　　（**e**）**au** [オ]　　**ou** [ウ]　　**oi** [ワ] など
	③ **an, am, en, em** [ア（オ）ン]　　**on, om** [オン]　　（**i**）**en, in, im** [エ（ア）ン] など
	④ 前の語の語末の子音字を次の語の頭の母音字音とつなげる
	（リエゾンやアンシェヌマンと呼ばれます。→ p.89）

004

Bonjour, monsieur.　Vous allez bien ?
ボンジュール　ムッシュ　　ヴ　ザレ　ビエ（ア）ン

こんにちは、ムッシュ（男性への敬称）。お元気ですか？

Très bien,　merci.　Et vous ?
トレ　ビエ（ア）ン メルシ　　エ　ヴ

とても元気です。ありがとう。あなたは？

Vous vous appelez comment ?
ヴ　ヴ　　ザプレ　　コマ（モ）ン

お名前は何ですか？

Je m'appelle Masao. J'habite à Paris.　Et vous ?
ジュ マペル　　マサオ　　ジャビ　タ パリ　　　エ ヴ

私の名前はマサオです。パリに住んでいます。あなたは？

Au revoir, madame.　Bonne journée.
オ ルヴォワール マダム　　　ボヌ　ジュルネ

さようなら、マダム。良い一日を。

※既婚女性には **madame**、未婚女性には **mademoiselle** を使います。

 3 ACTIVITÉ 綴りと発音の関係に注意し、音をよく聞いて繰り返し発音しましょう。また、上の例文の名前と住んでいるところを入れ替え、周囲の人と会話しましょう。

❹ 数　詞（0 〜 10）

005

0	zéro	1	un	2	deux	3	trois	4	quatre	5	cinq
		6	six	7	sept	8	huit	9	neuf	10	dix

 4 ACTIVITÉ 音声を聞き、数を書きとりましょう。

006

1. ....　　2. ....　　3. ....　　4. ....　　5. ....

 5 ACTIVITÉ アルファベと数字を読みましょう。

1.

DM-975-HW

2.

ISBN 978-2-7256-2743-4

9 782725 627434

Leçon 1 Vous habitez à Paris ?

パリに住んでいますか？

```
┌─────────────── LES PHRASES-CLÉS ───────────────┐

   Vous vous appelez Ryu ?  – Non, je m'appelle Masaki.

   Vous habitez à Paris ?
      – Non, nous n'habitons pas à Paris. Nous habitons à Lyon.

   Paul, tu parles anglais ?  – Oui, je parle anglais et français.

   Anne chante bien ?  – Oui, elle chante bien. Elle aime chanter.

└────────────────────────────────────────────────┘
```

1 -er 動詞の直説法現在

フランス語の動詞は主語に合わせて語尾が変化します。これを**動詞の活用**と言います。ほとんどは原形の語尾が **-er** で終わる -er 動詞（第一群規則動詞）で、語尾の er の部分が以下のように規則的に活用します。

-er 動詞の直説法現在

(	)	je (j')	-e	(	)	nous	-ons
(	)	tu	-es	(	)	vous	-ez
(	)	il	-e	(	)	ils	-ent
(	)	elle	-e	(	)	elles	-ent

※フランス語動詞の 90% 以上がこの
　-er 動詞です。

EXERCICE 1 辞書でそれぞれの主語の意味を調べ、上記の表の（　　）に書きましょう。

※ tu と vous の使い分けに気をつけましょう。
※ il / elle, ils / elles は、人・もの・ことのいずれにも用いることができます。

parler （　　　　　）	
je parl<u>e</u>	nous parl<u>ons</u>
tu parl<u>es</u>	vous parl<u>ez</u>
il / elle parl<u>e</u>	ils / elles parl<u>ent</u>

s'appeler （～という名だ）	
je m'appell<u>e</u>	nous nous appel<u>ons</u>
tu t'appell<u>es</u>	vous vous appel<u>ez</u>
il / elle s'appell<u>e</u>	ils / elles s'appell<u>ent</u>

aimer （　　　　　）	
j' aim<u>e</u>	nous aim<u>ons</u>
tu aim<u>es</u>	vous aim<u>ez</u>
il / elle aim<u>e</u>	ils / elles aim<u>ent</u>

※母音または h 始まりの動詞では je が j' になり動詞とくっつきます。これをエリジオンと言います（→ p.89）。
※ s'appeler は若干変則的な規則動詞です。

EXERCICE 2 辞書は原形で引きます。parler と aimer の意味を調べて、（　　）に書きましょう。

EXERCICE 3 動詞の意味と活用を書きましょう。活用は主語から書いてください。 009

travailler（　　　　）	habiter（　　　　）

 EXERCICE 4 [　]の動詞を活用させて＿＿＿＿に書き、文を訳しましょう。

1. Il ＿＿＿＿＿＿＿＿＿ bien anglais. [parler]

2. Tu ＿＿＿＿＿＿＿＿＿ à Tokyo ? [travailler]

3. Nous ＿＿＿＿＿＿＿ ensemble. [chanter]

4. Miyu et Yukiko ＿＿＿＿＿＿＿ à Kanazawa. [habiter]

2 否定文

010

否定文にするには動詞を ne (n') と pas ではさみます。

parler の否定形

je **ne** parle **pas**	nous **ne** parlons **pas**
tu **ne** parles **pas**	vous **ne** parlez **pas**
il / elle **ne** parle **pas**	ils / elles **ne** parlent **pas**

aimer の否定形

je **n'** aime **pas**	nous **n'** aimons **pas**
tu **n'** aimes **pas**	vous **n'** aimez **pas**
il / elle **n'** aime **pas**	ils / elles **n'** aiment **pas**

※母音または h 始まりの動詞ではエリジオンによって ne が n' となります。その際、je は元の綴りに戻っていることに注意しましょう。

 EXERCICE 5 Exercice 4 の文を否定文に書き換えましょう。

1. ＿＿＿＿＿＿＿＿＿＿＿＿＿＿＿＿＿＿＿＿＿＿＿＿

2. ＿＿＿＿＿＿＿＿＿＿＿＿＿＿＿＿＿＿＿＿＿＿＿＿

3. ＿＿＿＿＿＿＿＿＿＿＿＿＿＿＿＿＿＿＿＿＿＿＿＿

4. ＿＿＿＿＿＿＿＿＿＿＿＿＿＿＿＿＿＿＿＿＿＿＿＿

3 数　詞（11 ～ 20）

011

11 onze	12 douze	13 treize	14 quatorze	15 quinze
16 seize	17 dix-sept	18 dix-huit	19 dix-neuf	20 vingt

ACTIVITÉ 1　何と書いてありますか？　辞書で意味を調べましょう。

1.

les : course(s) に付く冠詞
en : 〜を使って

2.

je partage

j'explore

je raisonne

ACTIVITÉ 2　フランス語では平叙文に「？」を付け、イントネーションを上げると疑問文になります（→詳しくは **Leçon 7**）。音声を聞いて、　　　　を埋めましょう。 012

1. Tu ＿＿＿＿＿＿＿＿ Yu ?

2. Tu ＿＿＿＿＿＿＿＿ à Kyoto ?

3. Vous ＿＿＿＿＿＿＿ français ?

4. Vous ＿＿＿＿＿＿＿ bien ?

5. Vous ＿＿＿＿＿＿＿ ?

ACTIVITÉ 3　Activité 2 の疑問文に、主語を **je** にして〈**Oui**（はい），＋肯定文〉または〈**Non**（いいえ），＋否定文〉で答えましょう。

1. ＿＿＿＿＿＿＿＿＿＿＿＿＿＿＿＿＿＿＿＿

2. ＿＿＿＿＿＿＿＿＿＿＿＿＿＿＿＿＿＿＿＿

3. ＿＿＿＿＿＿＿＿＿＿＿＿＿＿＿＿＿＿＿＿

4. ＿＿＿＿＿＿＿＿＿＿＿＿＿＿＿＿＿＿＿＿

5. ＿＿＿＿＿＿＿＿＿＿＿＿＿＿＿＿＿＿＿＿

4 ACTIVITÉ 周囲の人と **Activité 2**, **Activité 3** のやりとりをしてください。文字を見なくても言えるよう、繰り返し練習しましょう。

 5 ACTIVITÉ 〈 **aimer** + 動詞の原形 〉で「～するのが好き」という意味になります。下の枠内の動詞の意味を調べて（　　）に書き、例にならって周囲の人と会話しましょう。

ex. Tu aimes *chanter* ? / Vous aimez *chanter* ?

– Oui, j'aime *ça**. 　　*ça* : 代名詞（ここでは **chanter** を受ける）

– Non, je n'aime pas *ça*.

aller à Kyoto （　　　　）	danser （　　　　）	dormir （　　　　）
lire （　　　　）	manger （　　　　）	parler anglais （　　　　）
sortir （　　　　）	travailler （　　　　）	voyager （　　　　）

 6 ACTIVITÉ 音声を聞き、例にならって（　　）に数を書きましょう。

ex. （　1　）＋（　2　）＝（　3　）

1. （　　　）＋（　　　）＝（　　　）　　　　2. （　　　）＋（　　　）＝（　　　）

3. （　　　）＋（　　　）＝（　　　）　　　　4. （　　　）－（　　　）＝（　　　）

 7 ACTIVITÉ それぞれの都市名と気温を表す数字を読んでみましょう。

1. **Paris**
8°C Max12° Min5°

2. **Lyon**
14°C Max16° Min7°

3. **Marseille**
17°C Max20° Min10°

4. **Bordeaux**
11°C Max15° Min8°

5. **Nantes**
11°C Max14° Min9°

6. **Lille**
6°C Max11° Min4°

Leçon 2 Qu'est-ce que c'est ?

これは何ですか？

LES PHRASES-CLÉS

Qu'est-ce que c'est ? – C'est une voiture.

Ce ne sont pas des livres. Ce sont des journaux.

J'aime beaucoup la musique.

Pierre n'aime pas du tout le karaoké.

---

1 名詞の性と数

フランス語ではすべての名詞に性（男性・女性）があります。「父」「母」のように自然界において性を持つ
ものだけでなく、「鉛筆」や「消しゴム」など無生物名詞にも性があります。

男性名詞：	père	父	crayon	鉛筆	ananas	パイナップル	courage	勇気
女性名詞：	mère	母	gomme	消しゴム	orange	オレンジ	patience	忍耐

 EXERCICE 1 名詞の意味と性を調べましょう。名詞の性は辞書のどこに示されていますか。

	意　味	性		意　味	性
1. frère		( )	2. sœur		( )
3. ami		( )	4. livre		( )
5. train		( )	6. chaise		( )

名詞の単数形に **s** を付ければ複数形になります。単数形の綴りが **s** で終わるものはそのまま複数形として
も用いることができます（*ex.* ananas ➡ ananas）。

　　　crayon ➡ crayons　　　　　orange ➡ oranges

※フランス語では複数の **s** は一切発音しません。
※男性名詞は **il / ils** で，女性名詞は **elle / elles** で受けることができます。

EXERCICE 2 例外的な複数形を持つ名詞です。意味と性、複数形の綴りを辞書で調べましょう。

	意　味	性	複数形
1. animal		( )	
2. journal		( )	
3. gâteau		( )	

12

❷ 冠 詞

フランス語では一部の例外的な場合を除き、名詞には必ず冠詞を付けなければなりません。冠詞には名詞の性・数に応じた形があります。

	単 数	複 数
男性名詞	**un** crayon	**des** crayons
女性名詞	**une** gomme	**des** gommes

不定冠詞

「ある〜」「ひとつの〜」「複数の〜」

	単 数	複 数
男性名詞	**le** crayon **l'** ananas	**les** crayons **les** ananas
女性名詞	**la** gomme **l'** orange	**les** gommes **les** oranges

定冠詞

「あの〜」「例の〜」「(この世の) 〜というもの」

※母音または h 始まりの単数名詞の前では冠詞が l' となることに注意しましょう。
※数えないものに付く部分冠詞もあります（→ Leçon 10）。

3
EXERCICE 不定冠詞を付けましょう。

1. (　　　) frère　　2. (　　　) sœur　　3. (　　　) amis　　4. (　　　) sac

5. (　　　) fleurs　　6. (　　　) portable　　7. (　　　) chat　　8. (　　　) voiture

9. (　　　) clés　　10. (　　　) table

4
EXERCICE 定冠詞を付けましょう。

1. (　　　) sport　　2. (　　　) musique　　3. (　　　) cinéma　　4. (　　　) karaoké

5. (　　　) lecture　　6. (　　　) chiens　　7. (　　　) chats　　8. (　　　) café

9. (　　　) thé　　10. (　　　) gâteaux

❸ Qu'est-ce que c'est ?「これ（それ・あれ）は何？」

〈C'est ＋ 単数名詞〉または〈Ce sont ＋ 複数名詞〉で答えます。

Qu'est-ce que c'est ?　　– C'est un crayon. ／ – Ce sont des crayons.

C'est une gomme ?　　– Non, ce n'est pas une gomme.

❹ 数 詞（21 〜 69）

21 vingt et un	22 vingt-deux	23 vingt-trois ...	30 trente
31 trente et un	32 trente-deux ...		40 quarante
41 quarante et un	42 quarante-deux ...		50 cinquante
51 cinquante et un	52 cinquante-deux ...		60 soixante
61 soixante et un	62 soixante-deux ...	69 soixante-neuf	

Les pays et les langues
国名と言語

日 本	le Japon	le japonais	フランス	la France	le français
中 国	la Chine	le chinois	イギリス	l'Angleterre	l'anglais
韓 国	la Corée	le coréen	スペイン	l'Espagne	l'espagnol
アメリカ	les États-Unis	l'anglais	イタリア	l'Italie	l'italien
カナダ	le Canada	l'anglais / le français	ドイツ	l'Allemagne	l'allemand

ACTIVITÉ 1 冠詞に印を付け、全体の意味を考えましょう。

1.

Tintin：タンタン（漫画のキャラクター）

2.

aux：〜のある

ACTIVITÉ 2 音声を聞いて、............を埋めましょう。

1. .... est-ce que .... ?

2. .... portable.

3. .... ne .... pas .... livres. .... journaux.

4. Vous .... café ? Non, je .... aime .... beaucoup .... café.

ACTIVITÉ 3 例にならい、指示された語を使って周囲の人と練習しましょう。また、身の回りのものを利用して同様に練習してみましょう。

ex. Qu'est-ce que c'est ？　　– C'est un chat.

C'est un chien ？　　　　– Non, ce n'est pas un chien.　C'est un chat.

ex. chat, chien

1. chaise, table

2. voitures, trains

3. clés, sacs

4. gâteaux, fleurs

14

4 ACTIVITÉ 〈 **aimer** ＋定冠詞付きの名詞〉で「～が好き」という意味になります。**p.13 Exercice 4** の単語を使い、例にならって周囲の人と練習しましょう。 022

ex. Tu aimes *le sport* ?
Vous aimez *le sport* ?

＋
Oui, j'aime beaucoup *ça*.
Oui, j'aime *ça*.
Non, je n'aime pas beaucoup *ça*.
Non, je n'aime pas du tout *ça*.
－

5 ACTIVITÉ あなた自身のことをフランス語で書きましょう。

名　前：..
住んでいるところ：..
話せる言語：..
働いているかどうか：..
何をするのが好き（嫌い）か：..
何が好き（嫌い）か：..
その他：..

6 ACTIVITÉ 音声を聞いて、..........に数を書きましょう。 023

1. J'habite .... rue Victor Hugo.
2. C'est .... euros.
3. .... + ... = ...
4. Le numéro de téléphone ? C'est le ....

7 ACTIVITÉ 数字を読んでみましょう。

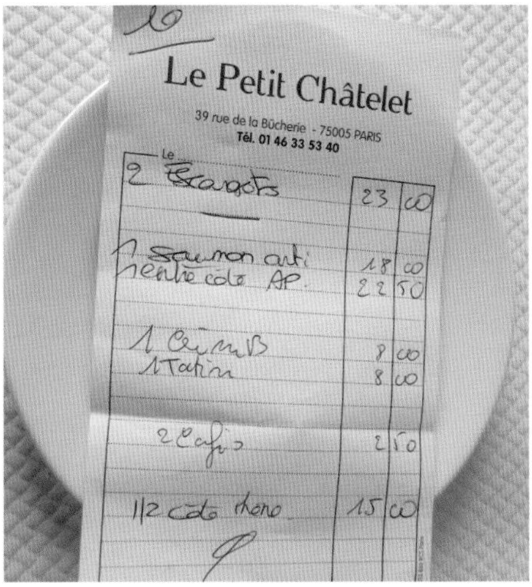

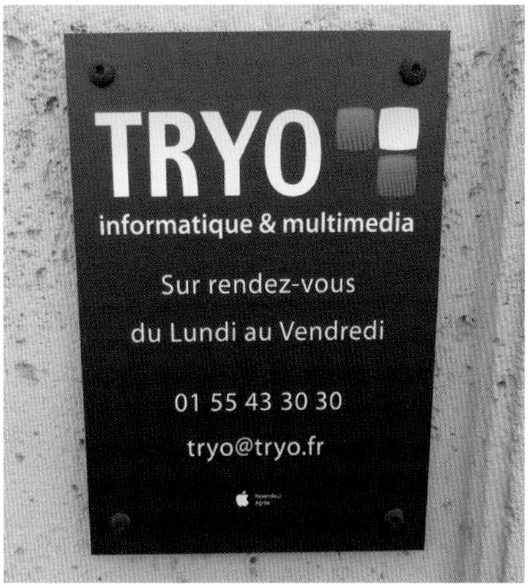

3 Il est étudiant.

> ## LES PHRASES-CLÉS
>
> Il est étudiant. Elle est étudiante aussi.
>
> Vous êtes japonais ?
> – Non, je ne suis pas japonais. Je suis chinois.
>
> Danièle est française. Elle est cuisinière.
>
> Elle parle français, anglais et espagnol.

❶ 国籍、職業、身分などを表す名詞

フランス語ではすべての名詞に性がありますが、国籍や職業など、一部の名詞は男性名詞に **e**(または最後の子音字を重ねて **e**)を付けると女性名詞になります。ただし、男性単数形の綴りが **e** で終わるものは、そのまま女性名詞としても用いることができます。

男性名詞：	étudiant	japonais	musicien	belge
女性名詞：	étudiant<u>e</u>	japonais<u>e</u>	musicie<u>nne</u>	belge

※男性名詞→女性名詞のその他のパターン：**-eur, -eux** ⇨ **-euse**　　**-teur** ⇨ **-trice**　　**-er** ⇨ **-ère**　　**-f** ⇨ **-ve** など。
　　その他、**médecin** など、男女同形の職業名詞も存在します。

 表を完成させましょう。＊印の付いた語は変則的な変化をします。辞書で確認しましょう。

意　味	単　数		複　数	
	男	女	男	女
1.	japonais	japonaise	japonais	japonaises
2.	chinois			
3.	français			
4.	allemand			
5.	espagnol			
6.	américain			
7.	coréen*			
8.	italien*			

意 味	単 数		複 数	
	男	女	男	女
9.	étudiant	étudiante	étudiants	étudiantes
10.	employé			
11.	professeur			
12.	musicien*			
13.	chanteur*			
14.	vendeur*			
15.	cuisinier*			
16.	acteur*			
17.	compositeur*			
18.	peintre			
19.	médecin			

2 動詞 être の直説法現在

英語の **be** にあたる動詞です。**-er** 動詞と違って、不規則に活用する不規則動詞です。

être			être の否定形
je suis	nous sommes		
tu es	vous êtes		
il / elle est	ils / elles sont		

 2 EXERCICE 上記の être の否定形の活用表を完成させましょう。

être の基本的な働きは「主語＝○○（属詞）」という関係を示すことです。イコールで結ばれる関係ですから、フランス語では主語と属詞は性・数を一致させなければなりません。

Il est étudiant.   Elle est étudiante.   Ils sont étudiants.   Elles sont étudiantes.

3 EXERCICE 日本語に合うように ＿＿＿＿ に適切な語を書き、文を完成させましょう。

1. Vous ＿＿＿＿ chinois ?

   – Non, nous ＿＿＿ ＿＿＿ chinois. Nous ＿＿＿ ＿＿＿ .

   あなた方は中国人ですか？　―いいえ、私たちは中国人ではありません。韓国人です。

2. Tu ＿＿＿＿ ? – Non, je ＿＿＿＿ .

   君 (女) は学生？　―いいえ、料理人よ。

3. Ils ＿＿＿＿ ?

   – Oui, ils ＿＿＿ ＿＿＿ et ＿＿＿ .

   彼らは俳優ですか？　―はい、俳優であり、ミュージシャンでもあります。

音声を聞き、男性について話していればMに、女性について話していればFに印を付けて
ください。それぞれの文も書きとりましょう。

	M	F
1		
2		
3		
4		
5		

1. Changmin ....

2. Danièle ....

3. Zhang Ziyi ....

4. Lotte et Nina ....

5. Mario et Aïda ....

 文章を読み、それぞれの人物について、①名前、②住んでいるところ、③職業、④その他の項
目を書きましょう。すべての項目が埋まるとは限りません。

Sophie est étudiante. Elle étudie l'espagnol. Elle habite à Paris.

Le père de Sophie s'appelle Pierre. Il est médecin. Il travaille à Lyon.

La mère de Sophie s'appelle Marie. Elle habite avec Pierre. Elle est actrice.

Le frère de Sophie s'appelle Thomas. Il est musicien. Il habite à New York. Il parle anglais.

Catherine, la sœur de Sophie, est employée. Elle habite à Berlin. Elle parle français et
allemand.

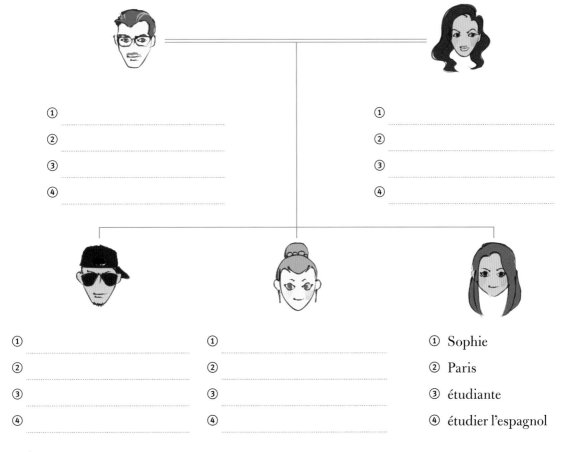

① ....
② ....
③ ....
④ ....

① Sophie
② Paris
③ étudiante
④ étudier l'espagnol

18

3 ACTIVITÉ 例にならい、次の人物の名前、国籍、職業を紹介しましょう。 030

ex. Il s'appelle Jean Reno.

Il est français.

Il est acteur.

ex. Jean Reno

1. Taylor Swift   2. Ludwig van Beethoven   3. Pablo Picasso

 4 ACTIVITÉ あなた自身のことをフランス語で書きましょう。

名　　前：...

国　　籍：...

住んでいるところ：...

話せる言語：...

働いているかどうか：...

職業（アルバイトをしていればその職業）...

何が好き（嫌い）か：...

その他：...

 5 ACTIVITÉ 例にならい、**Activité 4** について、周囲の人と会話しましょう。

ex. Tu t'appelles Taro ? / Vous vous appelez Taro ?

– Non, je ne m'appelle pas Taro. Je m'appelle Jiro.

Tu es chinois(e) ? / Vous êtes chinois(e) ?

– Non, je ne suis pas chinois(e). Je suis japonais(e).

4 Un petit sac bleu

小さな青いカバン

LES PHRASES-CLÉS

Pierre est grand et sympathique.
Et Marie, elle est belle et intelligente.

J'aime la chanson française. Vous aimez la musique classique ?

Je porte une jupe blanche et un petit sac bleu.

---

❶ 形容詞の性と数

形容詞は名詞を修飾します。フランス語ではすべての名詞に性がありますから、形容詞も名詞に合わせて男性・女性単数、男性・女性複数に変化します（性・数一致）。一般に男性単数形に **e** を付ければ女性単数形に、男性・女性単数形に **s** を付ければ複数形になります。

    Il est grand.   Elle est grande.   Ils sont grands.   Elles sont grandes.

※ 男性単数形の語尾が e で終わるものは男女同形、s で終わるものは単複同形です。その他、不規則に変化するものもあります。

EXERCICE 1 ［　　］の主語を使って文を書き換えましょう。

1. Jean est blond.［Jeanne］   ....
2. Le frère de Marie est intelligent.［La sœur de Marie］ ....
3. Pierre est sympathique.［Anne et Sophie］ ....
4. Le monde est petit.［Les fourmis］ ....

❷ 形容詞の位置

形容詞を名詞と並べて用いるとき、形容詞は名詞の後ろに置きます。

    un étudiant français   une étudiante française

    des étudiants français   des étudiantes françaises

ただし、以下のような一部の形容詞は名詞の前に置きます。

petit(e)	grand(e)	bon (bonne)	mauvais(e)	beau (belle)
joli(e)	nouveau (nouvelle)	jeune	vieux (vieille)	など。（　）は女性形。

    un petit appartement   une petite maison

形容詞が複数名詞の前に置かれるとき、不定冠詞 **des** は **de** になります。

de petits appartements   *de* petites maisons

EXERCICE 2 左ページ下の形容詞の意味を辞書で調べましょう。名詞の前に置かれる形容詞は、辞書にもそのことが示されています。確認しておきましょう。

EXERCICE 3 （　　）には不定冠詞を書き、[　　]の形容詞は適切な形にして正しい位置に入れましょう。

1. (　　)　_____ livres _____　[intéressant]
2. (　　)　_____ idée _____　[bon]
3. (　　)　_____ homme _____　[jeune / gentil]
4. (　　)　_____ sacs _____　[petit / bleu]

3 男性第二形を持つ形容詞

名詞の前に置かれる形容詞の中には男性単数形を 2 つ持つものがあります。男性第二形は、母音または **h** 始まりの男性単数名詞の前で使います。

	単　数	複　数		
男　性	beau	beaux	un *beau* livre	de *beaux* livres
男性第二形	bel		un *bel* arbre	de *beaux* arbres
女　性	belle	belles	une *belle* femme	de *belles* femmes

EXERCICE 4 nouveau, vieux も男性第二形を持つ形容詞です。辞書を見て表を完成させましょう。

	単　数	複　数		単　数	複　数
男　性	nouveau		男　性	vieux	
男性第二形			男性第二形		
女　性			女　性		

EXERCICE 5 （　　）には不定冠詞を書き、[　　]の形容詞は適切な形にして正しい位置に入れましょう。

1. (　　)　_____ maison _____　[beau]
2. (　　)　_____ étoiles _____　[beau]
3. (　　)　_____ oiseau _____　[beau / blanc]
4. (　　)　_____ voiture _____　[nouveau / français]

Les adjectifs

さまざまな形容詞

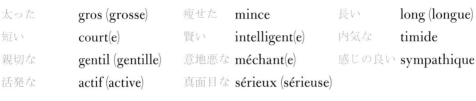

太った	gros (grosse)	痩せた	mince	長い	long (longue)
短い	court(e)	賢い	intelligent(e)	内気な	timide
親切な	gentil (gentille)	意地悪な	méchant(e)	感じの良い	sympathique
活発な	actif (active)	真面目な	sérieux (sérieuse)		

緑の vert(e)	青い bleu(e)	茶色の brun(e)		赤い rouge
黄色い jaune	黒い noir(e)	白い blanc (blanche)	灰色の gris(e)

 何と書いてありますか？　辞書で意味を調べましょう。

1.

2.

3.
CDD (Contrat à Durée Déterminée)：期限限定契約
35h：35 時間

 友人募集の人物紹介を読み、意味を考えましょう。誰と誰が一番親しくなりそうですか？

1. Emmanuel： Je suis français. J'habite à Marseille. Je suis serveur. Je suis grand et gros.
   Je suis gentil et sympathique. Je cherche une amie japonaise.

2. Adriana： Je suis brésilienne. J'habite à Nagoya. Je suis employée.
   Je suis petite et mince. Je suis souriante. Je cherche une amie belge.

3. Mario： Je suis italien. Je travaille à Venise. Je suis avocat.
   Je cherche un ami brésilien. J'habite dans un nouvel appartement.

4. Sachiko： Je suis japonaise. J'habite à Paris. Je suis étudiante. Je suis grande.
   Je cherche un ami français. J'adore la chanson française. Je suis belle !

5. Clément： Je suis belge. J'habite à Bruxelles. Je suis médecin. Je ne suis pas grand.
   Je porte toujours des lunettes et un chapeau. J'aime la musique classique.

（　　　　　）と（　　　　　）

 自分の外見や性格について書いてみましょう。その後、例にならって周囲の人と会話しましょう。

ex. Tu es / Vous êtes grand(e) ? – Non, je ne suis pas grand(e). Je suis petit(e).

動詞 porter（身に着けている）を用い、例にならって今日のあなたや周囲の人の服装を書きましょう。

ex. Je porte un chemisier noir, une jupe longue blanche et un petit sac bleu.

Yu porte un jean bleu, des chaussures noires et des lunettes rouges.

....

....

Les vêtements

衣　類

 037

Tシャツ	un T-shirt	男性用シャツ	une chemise	ブラウス	un chemisier
ジャケット	une veste	ブルゾン	un blouson	ズボン	un pantalon
ジーンズ	un jean	スカート	une jupe	帽子	un chapeau
靴	des chaussures	メガネ	des lunettes	カバン	un sac

音声を聞きましょう。どの人物について語っていますか。それぞれの文も書きとりましょう。 038

Pierre　　　Marie　　　Théo　　　Catherine　　　Stéphanie　　　Benjamin

1. (　　　　) ....

2. (　　　　) ....

3. (　　　　) ....

4. (　　　　) ....

5. (　　　　) ....

6. (　　　　) ....

Leçon

5 Vous avez des frères ?

兄弟はいますか？

LES PHRASES-CLÉS

Vous avez des frères ?   – Oui, j'ai un frère. Il a 19 ans.

Vous avez des sœurs ?   – Non, je n'en ai pas.

Tu as faim ?   – Non, mais j'ai sommeil.

Il y a des livres dans le sac.

1 動詞 avoir の直説法現在

英語の **have** にあたる重要動詞です。Leçon 3 で学んだ **être** と同様、不規則に活用する不規則動詞です。

avoir		avoir の否定形
j' ai nous avons		
tu as vous avez		
il / elle a ils / elles ont		

EXERCICE 1 上記の avoir の否定形の活用表を完成させましょう。

EXERCICE 2 avoir を活用させ、文を訳しましょう。

1. Vous ＿＿＿＿ des enfants ?   – Oui, nous ＿＿＿＿ deux fils.

2. Tu ＿＿＿＿ un stylo ?   – Non, mais j' ＿＿＿＿ un crayon.

3. Les parents de Sophie ＿＿＿＿ une grande maison à Lyon.

4. Marie ＿＿＿＿ des fleurs à la main.

EXERCICE 3 avoir を用いた熟語表現です。avoir を活用させ、文を訳しましょう。

1. Il y ＿＿＿＿ un livre sur la table.

2. Ils ＿＿＿＿ 18 ans.

3. Tu ＿＿＿＿ raison.

4. Vous ＿＿＿＿ sommeil ? – Non, mais j' ＿＿＿＿ faim.

2 否定の de

être は属詞を導きますが (→ Leçon 3)、avoir や他の大多数の動詞は目的語を導きます。直接目的語に付く不定冠詞 (un, une, des) は否定文中では de (母音または h の前では d') に変わります。

> J'ai un frère.　　Je n'ai pas de frère.

定冠詞 (le, la, les) は否定文中でも de に変わりません。　　J'aime le café.　　Je n'aime pas le café.

否定文に書き換えましょう。

1. Elle a un chien.
2. Nous avons des enfants.
3. Il écoute un CD.
4. Vous regardez la télévision ?

3 代名詞 en

不定冠詞付きの名詞は代名詞 en で受けることができます。フランス語の代名詞は**動詞の前**に置きます。

> Vous avez des frères ?　　– Oui, j'en ai.
>
> 　　　　　　　　　　　　　– Non, je n'en ai pas.

代名詞 en で受けるものの数量を示したいときには、最後に数量を添えます。1 人・1 つの場合のみ男性名詞は un、女性名詞は une で示します。

> Vous avez des frères ?　　– Oui, j'en ai **un.** / Oui, j'en ai **deux.**
> Tu as des sœurs ?　　　　　– Oui, j'en ai **une.** / Oui, j'en ai **deux.**
> Il a des amis ?　　　　　　– Oui, il en a **beaucoup.** (beaucoup ⇔ un peu)

代名詞 en を使って肯定と否定で答えましょう。

1. Tu as un chat ?
2. Il a une voiture ?
3. Elles mangent des pizzas ?
4. Vous écoutez une chanson française ?

L'âge
年 齢

un an	deux ans	trois ans	quatre ans	cinq ans	six ans	sept ans
huit ans	neuf ans	dix ans	onze ans...	dix-neuf ans		vingt ans
vingt et un ans...		trente ans	quarante ans	cinquante ans		soixante ans

音声を聞いて ＿＿＿＿ を埋め、文を訳しましょう。 🎧(043)

1. Bonjour. Je ＿＿＿＿ Théo. Je ＿＿＿＿ français. J' ＿＿＿＿ à Paris.

   J' ＿＿＿＿ un ami ＿＿＿＿. Il s'appelle Takashi. Nous ＿＿＿＿ 21 ans.

   Nous ＿＿＿＿ étudiants. Il ＿＿＿＿ à Paris aussi. Nous ＿＿＿＿

   chiens.

2. Théo : Marie, tu ＿＿＿＿ des amis chinois ?

   Marie : Oui, j' ＿＿＿＿ deux. Ils ＿＿＿＿ 19 ans.

   　　　　 Ils ＿＿＿＿ étudiants. Et toi, Théo ?

   Théo : Non, je n' ＿＿＿＿ pas, mais j' ＿＿＿＿ un ami japonais.

   Marie : Ah, c'est bien ça !

 これまでに学習した単語や下記の単語を使い、例にならい周囲の人と会話しましょう。名詞には適切な不定冠詞を付けてください。

　　ex. Vous avez *un crayon* ?　– Oui, j'ai *un crayon*.
　　　　　　　　　　　　　　　　– Non, je n'ai pas *de crayon*.
　　Vous avez *des frères* ?　– Oui, j'ai *un frère* / *deux frères*.
　　　　　　　　　　　　　　– Non, je n'ai pas *de frères*.

crayon	stylo	gomme	dictionnaire	livre
cahier	portable	voiture	vélo	chien
chat	frères	sœurs	enfants	

 例にならい、代名詞 **en** を用いて周囲の人と会話しましょう。**Activité 2** の単語を使ってください。

　　ex. Tu as *un crayon* ?　　　– Oui, j'*en* ai un. / – Non, je n'*en* ai pas.
　　Tu as *des frères* ?　　　– Oui, j'*en* ai un (deux). / – Non, je n'*en* ai pas.

4 ACTIVITÉ 文に合うイラストを選びましょう。また、例にならって周囲の人と会話しましょう。　🎧 044

ex. Vous avez *froid* ?　　– Oui, j'ai *froid*.
　　　　　　　　　　　　　– Non, je n'ai pas *froid*.

J'ai froid.　　(　　)　　　　J'ai chaud.　　(　　)　　　　J'ai faim.　　(　　)

J'ai soif.　　(　　)　　　　J'ai sommeil.　　(　　)　　　　J'ai mal à la tête.　(　　)

1.　　　　　　2.　　　　　　3.　　　　　　4.　　　　　　5.　　　　　　6.

5 ACTIVITÉ 与えられた場所の前置詞を _____ に補い、イラストに合うよう文を完成させましょう。　🎧 045

1. Il y a des livres _____ la table.

2. Il y a un sac _____ la table.

3. Il y a des clés _____ le sac.

4. Il y a une boîte _____ la table.

5. Il y a un chat _____ la chaise.

6. Il y a un portable _____ la table _____ la chaise.

dans	derrière	devant	entre ~ et ~	sous	sur

6 ACTIVITÉ あなた自身のことをフランス語で書きましょう。

年　齢：_____

今日の服装：_____

外見の特徴：_____

性　格：_____

兄弟姉妹の有無：_____

その他：_____

6 Ma mère aime ce sac.

私の母はこのカバンが好きです

LES PHRASES-CLÉS

Mes parents habitent à Nagoya. Et vos parents ?

Son frère a 16 ans, et sa sœur a 20 ans.

J'aime beaucoup ce sac bleu. Mais je n'aime pas ces chaussures jaunes.

1 所有形容詞

「私の」「あなたの」など所有者を表します。意味のかかる名詞の性・数に応じた形があり、冠詞に代えて用いることができます。

	単　数			複　数
	男　性	女　性		
		母音始まり	子音始まり	
私の	**mon** père	**mon** amie	**ma** mère	**mes** parents
君の	**ton** père	**ton** amie	**ta** mère	**tes** parents
彼・彼女の	**son** père	**son** amie	**sa** mère	**ses** parents
私たちの	**notre** père	**notre** mère		**nos** parents
あなた・あなた方の	**votre** père	**votre** mère		**vos** parents
彼ら・彼女らの	**leur** père	**leur** mère		**leurs** parents

※フランス語では「彼の」「彼女の」、「彼らの」「彼女らの」の区別はありません。どちらの意味になるかは文脈で判断します。
たとえば「彼の母親」「彼女の母親」はともに sa mère です。

 日本語で指示された所有形容詞を付けましょう。

1. 彼女の　（　　　　　　　） livre　　　2. 私の　　　（　　　　　　　） frères

3. 彼の　　（　　　　　　　） sœur　　　4. あなたの（　　　　　　　） maison

5. 彼らの　（　　　　　　　） voiture　　6. 私たちの（　　　　　　　） enfants

❷ 指示形容詞

🎧048

「この」「その」「あの」と何かを指し示す場合などに用いられます。意味のかかる名詞の性・数に応じた形があり、冠詞に代えて用いることができます。

	単　数		複　数	
男性名詞	**ce** livre		**ces** livres	
	cet enfant	**cet** homme	**ces** enfants	**ces** hommes
女性名詞	**cette** voiture		**ces** voitures	

※フランス語には「この」「その」「あの」の区別はありません。どの意味になるかは文脈や状況で判断します。
※母音または h 始まりの男性単数名詞の前では **cet** を使います（男性第二形）。

❷ EXERCICE　適切な指示形容詞を付けましょう。

1. (　　　　　) maison　　　　2. (　　　　　) appartement

3. (　　　　　) ville　　　　4. (　　　　　) sac

5. (　　　　　) couleurs　　　　6. (　　　　　) portable

❸ EXERCICE　日本語に合うように .... を埋め、文を完成させましょう。

1. .... parents .... à Okinawa.

.... maison est très ....

彼の両親は沖縄に住んでいる。彼らの家はとても大きい。

2. .... mère est professeure. Elle .... dans .... école.

私の母は教師だ。この学校で働いている。

3. .... sœur .... 8 ans. Et .... frère ?

彼女の妹は8歳だ。君の弟は？

4. Vous .... pull ?

– Non, je .... aime pas .... couleur.

このセーターはお好きですか？　ーいいえ、この色は好きじゃありません。

ACTIVITÉ 何と書いてありますか？　辞書で意味を調べましょう。

1.

VOLTAIRE
NÉ A PARIS
LE 21 NOVEMBRE 1694
EST MORT
DANS CETTE MAISON
LE 30 MAI 1778

est mort：亡くなった

2.

Café le Midi
Notre plat du Jour
Nos salades gourmandes
Omelettes variées

SANDWICHS
PATISSERIES MAISON
VINS de PAYS
GLACES

3.

PAR LE GÉNÉRAL LECLERC
PREMIÈRE UNITÉ ENTRÉE DANS PARIS

LES PELOUSES DE CE JARDIN
SONT EN REPOS HIVERNAL
DU 15/10 AU 15/04

MAIRIE DE PARIS　La qualité des pelouses, c'est aussi votre affaire...

du 15/10 au 15/04：10 月 15 日から 4 月 15 日まで

 **ACTIVITÉ** 音声を聞いて .... を埋め、文を訳しましょう。 (049)

1. Ayu est étudiante. Elle .... 18 ans. Elle .... à Kagoshima.
   Elle adore .... ville.

2. .... père s'appelle Kazuo. Il est .... Il .... ans.
   Il est .... et ....

3. .... mère s'appelle Tomoko. Elle est .... Elle est très ....
   Pour .... anniversaire, Ayu achète* un sac .... Tomoko aime beaucoup
   .... sac.

   *achète < acheter

30

4. Ayu _____ deux sœurs. _____ sœurs _____ Misaki et Reïka.

   Elles _____ 20 ans et 22 ans. Elles _____ _____ aussi.

5. Et il _____ un chat chez Ayu. _____ chat s'appelle Yuki.

   Yuki aime grimper _____ l'arbre _____ le jardin. _____ arbre est

   très grand.

acheter （　　　　　） 🎧 050

j' achète	nous achetons
tu achètes	vous achetez
il / elle achète	ils / elles achètent

3 ACTIVITÉ Activité 2 を参考にして、家族や友人について、名前、住んでいるところ、職業、年齢、外見や性格、好みを書きましょう。

ex. Mon père s'appelle...

_____

_____

_____

_____

4 ACTIVITÉ Activité 3 の作文を利用して、周囲の人とお互いの家族または友人について会話しましょう。所有形容詞を **votre / vos** にも代えて練習しましょう。

ex. Ton père s'appelle Taro ?

   Ta mère est employée ?

   Ton frère a 20 ans ?

   Ta sœur est petite ?

   Tes parents habitent à Nagoya ?

5 ACTIVITÉ 例にならい、周囲の人とお互いの持ち物や服装について話しましょう。

ex. Ce livre est intéressant.

   Ce sac est bleu.

   J'aime beaucoup tes chaussures noires.

   J'aime la couleur de votre chemise.

Qu'est-ce que vous faites ?

何をしていますか？

LES PHRASES-CLÉS

Vous ne parlez pas français ?　– Si, je parle français.

Vous vous appelez comment ?　– Je m'appelle Taro Yamada.

Où est-ce que vous habitez ?　– J'habite à Kumamoto.

Qu'est-ce que tu fais ?　– Je fais la cuisine.

Qui est-ce ?　– C'est Jean Reno.

Votre anniversaire, c'est quand ?　– C'est le 14 juillet.

---

❶ 動詞 faire の直説法現在

faire （　　　　　　　）	
je fais	nous faisons
tu fais	vous faites
il / elle fait	ils / elles font

※ 辞書で faire の意味を確認しましょう。
※ nous の活用の発音に気をつけましょう。

---

1 EXERCICE　faire を活用させて .... を埋め、文を訳しましょう。

1. Nous .... une belle promenade.

2. Mes sœurs .... un gâteau au chocolat comme dessert.

3. Je .... la cuisine tous les jours.

4. Il* .... beau aujourd'hui à Paris.　　　*il：非人称主語

---

❷ 疑問文の作り方と答え方

疑問文には 3 つの形があります。1 と 2 は話し言葉で、3 はあらたまった話し言葉または書き言葉で用いられます。

1. 平叙文のまま文末のイントネーションを上げる（→ **Leçon 1**）。

　　Vous ne parlez pas français ?
　　– **Si**, je parle français. / – **Non**, je ne parle pas français.

　　※否定疑問文には si または non で答えます（oui は使えません）。

2. 文頭に **est-ce que**（qu'）を付ける。

> ***Est-ce que*** vous parlez français ?
>
> – ***Oui***, je parle français. ／ – ***Non***, je ne parle pas français.

※主語が母音または h 始まりのとき、est-ce que は est-ce qu' になります。　Est-ce qu'il parle français ?

3. 主語と動詞を倒置しハイフンで結ぶ（ハイフンの前後に母音字が並ぶときには **t** を入れます）。

> ***Parlez-vous*** français ? ／ ***Parle-t-il*** français ?

※普通名詞が主語のときには代名詞で受け直してから倒置させます。　Taro parle-t-il français ?

EXERCICE 2 est-ce que を用いた疑問文と倒置疑問文に書き換えましょう。

1. Vous cherchez ce livre ? ....

2. Tu travailles à Nagoya ? ....

3. Il arrive à Kyoto demain ? ....

4. Sophie aime les chiens ? ....

❸ 疑問詞を用いる場合

疑問詞を用いる際には疑問詞の位置に気をつけましょう。

1. 主語 ＋ 動詞 ＋ … 疑問詞 ? Vous vous appelez ***comment*** ?

2. 疑問詞 ＋ est-ce que ＋ 主語 ＋ 動詞 ＋ … ? ***Qu'***est-ce que vous faites ? (qu' ◂ que)

※ 疑問詞 que は 1 の語順（疑問詞が文末）では quoi に変わります。　Vous faites quoi ?

3. 疑問詞 ＋ 動詞 - 主語 ＋ … ? ***Où*** habitez-vous ? ／ ***Où*** habite-t-elle ?

※普通名詞が主語のときには代名詞で受け直してから倒置させます。　Où Aya habite-t-elle ?

EXERCICE 3 est-ce que を用いた疑問文に書き換えましょう。

1. Vous aimez qui ? ....

2. Il arrive à Paris quand ? ....

3. Sa sœur travaille où ? ....

4. Sophie regarde quoi ? ....

Les douze mois de l'année ⟩

12 か月

(055)

1 月	janvier	2 月	février	3 月	mars	4 月	avril
5 月	mai	6 月	juin	7 月	juillet	8 月	août
9 月	septembre	10 月	octobre	11 月	novembre	12 月	décembre

Les nombres ordinaux ⟩

序　数

(056)

1ᵉʳ / 1ᵉʳᵉ	premier / première	2ᵉ	deuxième	3ᵉ	troisième	4ᵉ	quatrième
5ᵉ	cinquième	6ᵉ	sixième	7ᵉ	septième		
8ᵉ	huitième	9ᵉ	neuvième	10ᵉ	dixième		

 ACTIVITÉ 1 例にならって日付を言いましょう。他の行事も利用して、周囲の人に日付を尋ねましょう。

ex. La fête des mères, c'est le combien ?　– C'est le 8 mai.

Gantan, c'est quand ?　– C'est le premier* janvier.　　*一日のみ序数

1. demain
2. Hina-matsuri
3. votre anniversaire
4. La Saint-Valentin
5. Le poisson d'avril
6. Halloween

 ACTIVITÉ 2 何と書いてありますか？　辞書で意味を調べましょう。

1.

Que pensez-vous de ma conduite ?
01 30 36 21 05 ●

2.

C'est quoi un innocent ?

Un smoothie innocent, c'est un mélange de fruits entiers mixés et de purs jus de fruits. Rien d'autre, c'est promis. Donc…

Pas de **concentré**　　Pas de **conservateur**
Pas d'**additifs bizarres**　Pas de **sucre ajouté**⁽¹⁾
Pas de **colorant**　　Pas de **E machin chose**

🥤 = 2 portions de fruits　　750ml℮

innocent：イノサン社（のスムージー）
E machin chose：食品添加物とかなんとか
mixés, ajouté：過去分詞の形容詞的用法（→ **p.93**）

34

ACTIVITÉ 3 例にならって人物を紹介しましょう。また、それぞれの人物について外見や（想像で）性格など
を言いましょう。 （057）

ex. Jean Reno

ex. Qui est-ce ?　　　　　　　– C'est Jean Reno.

Qu'est-ce qu'il fait ?　　　– Il est acteur.

Il est comment ?　　　　　– Il est très sympathique.　Il porte une chemise noire.

1. Lady Gaga

2. Wolfgang Amadeus Mozart

3. Salvador Dali

4. Audrey Hepburn

 ACTIVITÉ 4 警察官（P）と学生（T）の会話の一部です。訳しましょう。 （058）

T：Bonjour.　Je cherche mon sac.

P：Vous vous appelez comment ?

T：Je m'appelle Tomoko Nakata.　T, O, M, O, K, O, Tomoko, et N, A, K, A, T, A, Nakata.

P：Qu'est-ce que vous faites dans la vie ?

T：Je suis étudiante à la Sorbonne.　J'ai 21 ans.

P：Vous habitez où ?　À Paris ?

T：Oui.　J'habite à Paris, dans le 6ᵉ arrondissement.

P：Votre sac, il est comment ?

T：Très grand et noir.

P：Qu'est-ce qu'il y a dedans ?

T：Ma carte d'étudiant, des cahiers, des livres, des stylos et mon portefeuille.

 ACTIVITÉ 5 Activité 4 の会話を参考にして、名前、職業、住所、カバンの中身について、自分たちのことに
置き換えて周囲の人と会話しましょう。

8 Vous avez quel âge ?

何歳ですか？

LES PHRASES-CLÉS

Vous avez quel âge ?　– J'ai 18 ans. Et vous ?

Quelle est votre nationalité ?　– Je suis française.

Quelle heure est-il ?　– Il est midi et demie.

Votre cours finit à quelle heure ?　– Il finit à 5 heures moins le quart.

Quel temps fait-il à Osaka en été ?　– Il fait très beau et très chaud.

Nous sommes quel jour aujourd'hui ?　– Nous sommes dimanche.

---

❶ 疑問形容詞

「何歳」「何曜日」の「何」にあたる疑問詞です。意味のかかる名詞の性・数に応じた形があります。

	単 数	複 数
男性名詞	quel	quels
女性名詞	quelle	quelles

Vous avez **quel** âge ?

Quelle est votre nationalité ?

Quels sont tes projets d'avenir ?

Quelles fleurs est-ce que vous aimez ?

※発音はすべて同じです。
※ quel âge, quelles fleurs のように名詞に直接添える場合と、〈quel (le)(s) ＋ être ＋名詞主語 ?〉の語順で用いる場合があります。

❶ EXERCICE　＿＿＿に適切な疑問形容詞を入れ、文を訳しましょう。

1. ＿＿＿＿＿＿＿ couleurs aimez-vous ?

2. Nous sommes ＿＿＿＿＿＿＿ jour aujourd'hui ?

3. ＿＿＿＿＿＿＿ est la profession de votre père ?

4. ＿＿＿＿＿＿＿ temps fait-il à Tokyo ?

❷ 時刻、天気、曜日の表現
【時 刻】

Quelle heure est-il ?　– Il est une heure dix.

※ il は非人称主語です。
※「分」にあたる単位は必要ありません。

時　　　　分

une heure	deux heures	trois heures	quatre heures
cinq heures	six heures	sept heures	huit heures
neuf heures	dix heures	onze heures	midi (昼)　minuit (夜)

15 分刻みで特別な言い方があります。30 分以降は「〜分前」という言い方をします。

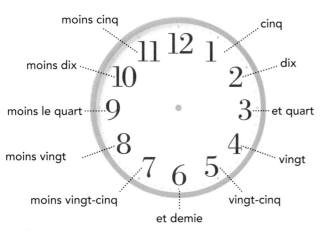

1 h 10 : Il est une heure dix.

2 h 15 : Il est deux heures **et quart.**

3 h 30 : Il est trois heures **et demie.**

4 h 40 : Il est cinq heures **moins** vingt.

5 h 45 : Il est six heures **moins le quart.**

 時間を言いましょう。

1. 8 h 05　　　2. 9 h 20　　　3. 6 h 30　　　4. 12 h 50

5. 3 h 45　　　6. 12 h 15　　　7. 7 h 16　　　8. 11 h 52

【天　気】

Quel temps fait-il ?　　– Il fait beau.　　※ il は非人称主語です。

> **Le temps et les quatre saisons de l'année**

天気と季節

天気が良い / 悪い	Il fait beau. / Il fait mauvais.	雨が降っている　Il pleut.
寒い / 暑い	Il fait froid. / Il fait chaud.	雪が降っている　Il neige.
涼しい / 暖かい	Il fait frais. / Il fait doux.	
(20) 度である	Il fait (20) degrés.	
風 / 雲がある	Il y a du vent. / Il y a des nuages.	

春 au printemps　　夏 en été　　秋 en automne　　冬 en hiver

【曜　日】

Nous sommes quel jour ?　　– Nous sommes lundi.

> **Les sept jours de la semaine**

曜　日

月 lundi　　　火 mardi　　　水 mercredi　　　木 jeudi

金 vendredi　　土 samedi　　日 dimanche

あなた自身の答えを書きましょう。

1. Vous avez quel âge ?

2. Quelle est votre nationalité ?

3. Quelle est votre profession ?

4. Vous aimez quel sport ?

5. Vous parlez quelles langues étrangères ?

6. Nous sommes quel jour aujourd'hui ?

 Activité 1 の文を用いて、周囲の人と会話しましょう。

 音声でフランス各地の天気を聞き、地図に情報を書き込みましょう。

Lille

Rennes

Paris

Strasbourg

Poitiers

Bordeaux

Lyon

Marseille

 あなた自身の答えを書きましょう。

1. Le* lundi, vous partez* à quelle heure ?
　　　　　　　　　　　　　　　　　　　* 〈le ＋ 曜日〉：毎週〜曜日　　*partez < partir

2. Ce cours de français commence à quelle heure ?

3. Ce cours finit* à quelle heure ?
　　　　　　　　　　　　　　　　　*finit < finir

4. Aujourd'hui, vous rentrez à la maison à quelle heure ?

5. En général, vous dînez à quelle heure ?

partir （ 　　　　 ）

je pars	nous partons
tu pars	vous partez
il / elle part	ils / elles partent

finir （ 　　　　 ）

je finis	nous finissons
tu finis	vous finissez
il / elle finit	ils / elles finissent

5 ACTIVITÉ Activité 4 の文を用いて、周囲の人と会話しましょう。

6 ACTIVITÉ 何と書いてありますか？

1.

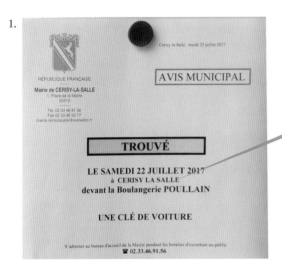

RÉPUBLIQUE FRANÇAISE
Mairie de CERISY-LA-SALLE
1, Place de la Mairie
50210
Tél. 02 33 46 91 56
Fax 02 33 46 52 77
mairie.cerisylasalle@wanadoo.fr

AVIS MUNICIPAL

Cerisy la Salle, mardi 25 juillet 2017

TROUVÉ

LE SAMEDI 22 JUILLET 2017
à CERISY LA SALLE
devant la Boulangerie POULLAIN

UNE CLÉ DE VOITURE

S'adresser au bureau d'accueil de la Mairie pendant les horaires d'ouverture au public.
☎ 02.33.46.91.56

TROUVÉ

LE SAMEDI 22 JUILLET 2017
à CERISY LA SALLE
devant la Boulangerie POULLAIN

UNE CLÉ DE VOITURE

trouvé：見つけました
Cerisy-la-Salle：スリジ＝ラ＝サル（ノルマンディ地方の町）

2.

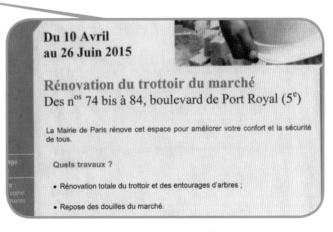

**Du 10 Avril
au 26 Juin 2015**

Rénovation du trottoir du marché
Des n⁰ˢ 74 bis à 84, boulevard de Port Royal (5ᵉ)

La Mairie de Paris rénove cet espace pour améliorer votre confort et la sécurité de tous.

Quels travaux ?

• Rénovation totale du trottoir et des entourages d'arbres ;

• Repose des douilles du marché.

douilles：市場の屋台を設置するための留め金

39

9 Je vais à l'école en train.

電車で学校に行きます

LES PHRASES-CLÉS

Vous allez en France cet été ?　– Oui, j'y vais avec mes parents.

Tu vas au marché en bus ?　– Non, j'y vais à pied. Et toi ? En vélo ?

Est-ce que la mère de Paul vient d'Italie ?
– Non, elle vient des États-Unis.

C'est la photo des enfants ?　– Oui, ils sont au Japon.

---

1 動詞 aller, venir の直説法現在

aller （　　　　　）	
je vais	nous allons
tu vas	vous allez
il / elle va	ils / elles vont

Je **vais** à Yokohama.

Vous n'**allez** pas à Nara ?

venir （　　　　　）	
je viens	nous venons
tu viens	vous venez
il / elle vient	ils / elles viennent

Il ne **vient** pas de Kobe.

Je **viens** d'Osaka.

※ de の意味に気をつけましょう。

※母音または h 始まりの語の前では **d'** になります。

1
EXERCICE　日本語に合うように、　　　　　を埋めましょう。

1. ＿＿＿＿＿ parents ＿＿＿＿＿＿＿ ＿＿＿ Hokkaido demain.

   私の両親は明日北海道に行きます。

2. ＿＿＿＿＿ amis ＿＿＿＿＿ ＿＿＿ Londres.

   彼の友人はロンドンから来ています。

3. Nous ＿＿＿ ＿＿＿＿＿ ＿＿＿＿＿ ＿＿＿ Okinawa.

   私たちは沖縄には行きませんよ。

4. Est-ce que tu ＿＿＿＿＿ ＿＿＿ Paris avec Taro ?

   君は太郎と一緒にパリに来るの？

2 定冠詞の縮約形

前置詞 à, de の後に定冠詞付きの名詞を伴うとき、à / de と定冠詞が 1 つになることがあります。これを à / de と定冠詞の縮約と言います。

à +
- le → **au** : Je vais *au* café.
- les → **aux** : Je vais *aux* toilettes.
- la → そのまま : Je vais *à la* poste.
- l' → そのまま : Je vais *à l'*école.

de +
- le → **du** : Je viens *du* Japon.
- les → **des** : Je viens *des* États-Unis.
- la → そのまま : Je viens *de la* gare.
- l' → そのまま : Je viens *de l'*hôpital.

※辞書で à, de の意味を見てみましょう。さまざまな意味で用いられる便利な前置詞です。

フランス語では国名にも性別があります。後ろに国名が来るときには縮約の規則が少し変わります。

à +
- le → **au** : Je vais *au* Japon.
- les → **aux** : Je vais *aux* États-Unis.
- la → **en** : Je vais *en* France.
- l' → **en** : Je vais *en* Italie.

de +
- le → **du** : Je viens *du* Japon.
- les → **des** : Je viens *des* États-Unis.
- la → **de** : Je viens *de* France.
- l' → **d'** : Je viens *d'*Italie.

2 EXERCICE

[ ]の動詞を活用させて＿＿＿＿に書き、( )には適切な縮約形を入れましょう。

1. Ils ＿＿＿＿＿＿＿＿ ( ) Espagne ? [venir]
   彼らはスペインから来ているのですか？

2. J'＿＿＿＿ mal* ( ) ventre. Je ＿＿＿＿＿＿＿ ( ) hôpital. [avoir / aller]
   私はお腹が痛い。病院に行きます。　　　　　　*avoir mal à ～ : ～が痛い

3. C'＿＿＿＿ la photo ( ) enfants. [être]
   それは子供たちの写真です。　　　　　　*de ～ : ～の

4. J'＿＿＿＿＿ aller ( ) marché ( ) France. [aimer]
   フランスで市場に行くのが好きです。

5. ( ) Japon, il ＿＿＿＿＿＿ très chaud en été. [faire]
   日本では夏はとても暑いです。

3 代名詞 y

場所を受ける代名詞です。en (→ Leçon 5) と同様、動詞の前に置きます。

Vous allez <u>au cinéma</u> ?　　– Oui, j'*y* vais. / – Non, je n'*y* vais pas.

3 EXERCICE

代名詞 y を使って、肯定と否定で答えましょう。

1. Tu vas au karaoké ce week-end ? ＿＿＿＿＿＿＿＿＿＿＿＿

2. Elle travaille en France ? ＿＿＿＿＿＿＿＿＿＿＿＿

3. Il habite dans cet appartement ? ＿＿＿＿＿＿＿＿＿＿＿＿

4. Les chats sont sous la table ? ＿＿＿＿＿＿＿＿＿＿＿＿

> ## Les moyens de transport
> 交通手段 （072）
>
> | 電車で | en train | 自転車で | à / en vélo | JRで | avec JR |
> |---|---|---|---|---|---|
> | バスで | en bus | 徒歩で | à pied | | |
> | 車で | en voiture | | | | |
> | 飛行機で | en avion | | | | |

1 ACTIVITÉ 何と書いてありますか？

1.

2.

3.

4.

2 ACTIVITÉ 音声を聞いて .... を埋め、文を訳しましょう。 （073）

1. La Déclaration .... droits .... homme et .... citoyen de 1789.

2. Demain, nous .... marché .... puces .... Saint-Ouen !

3. – Vous .... Strasbourg ce week-end ?

   – Oui, j' .... vais .... parents .... voiture. Nous .... aussi .... Colmar dimanche.

3 ACTIVITÉ 音声を聞いて ＿＿＿ を埋め、路線図で場所を確認しましょう。 🎧074

1. Paul : Anne, qu'est-ce que tu fais cet après-midi ?

   Anne : Je ＿＿＿＿＿ ＿＿＿＿＿ la bibliothèque

   ＿＿＿＿＿ Université Paris 3.

   Paul : C'est ＿＿＿＿＿ , la bibliothèque ?

   Anne : C'est à 5 minutes ＿＿＿＿＿ pied de la rue

   Mouffetard.

   Paul : Tu ＿＿＿＿＿ vas ＿＿＿＿＿ métro ou ＿＿＿＿＿

   bus ?

   Anne : ＿＿＿＿＿ métro. C'est la Station Censier-

   Daubenton.

2. Louise : Vincent, tu pars ＿＿＿＿＿ ?

   Vincent : Je pars après-demain. Demain je suis libre. Nous ＿＿＿＿＿ ＿＿＿＿＿ café

   ensemble ?

   Louise : D'accord, demain ＿＿＿＿＿ 14 heures, ça va ?

   Vincent : Oui, avec plaisir. Est-ce qu'il y a un bon café près d'ici ?

   Louise : Oui, il y a le Café du Rendez-vous ＿＿＿＿＿ Denfert Rochereau.

   J'＿＿＿ vais ＿＿＿＿＿ voiture. Et toi ? ＿＿＿＿＿ métro ?

   Vincent : Oui, avec la ligne numéro ＿＿＿＿＿ . Mon hôtel est près d'Alésia.

4 ACTIVITÉ あなた自身の答えを書きましょう。 🎧075

1. Vous venez d'où ?

   ＿＿＿＿＿＿＿＿＿＿＿＿＿＿＿＿＿＿＿＿＿＿＿＿＿＿＿＿＿

2. Vous allez où ce week-end ?

   ＿＿＿＿＿＿＿＿＿＿＿＿＿＿＿＿＿＿＿＿＿＿＿＿＿＿＿＿＿

3. Comment venez-vous à l'université ?

   ＿＿＿＿＿＿＿＿＿＿＿＿＿＿＿＿＿＿＿＿＿＿＿＿＿＿＿＿＿

4. Vous n'allez pas en France cet été ?

   ＿＿＿＿＿＿＿＿＿＿＿＿＿＿＿＿＿＿＿＿＿＿＿＿＿＿＿＿＿

5 ACTIVITÉ Activité 4 の文を用いて、周囲の人と会話しましょう。

Donnez-moi de l'eau, s'il vous plaît.

水をください

LES PHRASES-CLÉS

Qu'est-ce que vous prenez au petit-déjeuner ?

– Je prends du pain avec de la confiture et du jus d'orange.

Donnez-moi de l'eau minérale, s'il vous plaît.

À midi, je bois du vin. Et toi ?

---

❶ 部分冠詞

数えないもの（液体、気体、抽象概念など）に付く冠詞です。名詞の性に応じた形があります。

	子音始まり	母音またはh始まり
男性名詞	**du** café	**de l'**argent
女性名詞	**de la** viande	**de l'**huile

Je mange **de la** viande.

※否定文中では部分冠詞は否定の **de**（**d'**）に変わります。
Nous n'avons pas d'argent.

EXERCICE 1 適切な部分冠詞を書きましょう。

1. (　　　　　) thé　　　　2. (　　　　　) lait　　　　3. (　　　　　) poisson

4. (　　　　　) eau　　　　5. (　　　　　) courage　　6. (　　　　　) patience

❷ 動詞 prendre の直説法現在

prendre（　　　　　　　）

je prends	nous prenons
tu prends	vous prenez
il / elle prend	ils / elles prennent

Tu **prends** du café ?

– Non, je ne **prends** pas de café.

EXERCICE 2 prendre を活用させて .... を埋め、文を訳しましょう。

1. Qu'est-ce que vous .... ? – Je .... du vin.

2. Nous .... un taxi pour aller à l'aéroport.

3. Elle .... son bain à minuit.

4. Les touristes étrangers .... beaucoup de photos à Kyoto.

3 命令文

079

命令文は **tu, vous, nous** の活用形から作ります。それぞれ主語を取り除けば命令文になります。

> ***Prends*** du café.　　（tu で話す相手に）　　コーヒーを飲んで。
>
> ***Prenez*** du café.　　（vous で話す相手に）　　コーヒーを飲んでください。
>
> ***Prenons*** du café.　　　　　　　　　　　　コーヒーを飲みましょう。

※ **aller** を含む **-er** 動詞の **tu** の活用から命令文を作る際には、語尾の **s** を取り除きます。
　　Tu manges ce gâteau. ➡ ***Mange*** ce gâteau.

※ s'il te plaît（tu の活用）、s'il vous plaît（vous の活用）を添えると、より丁寧な依頼・命令になります。
　　Danse, *s'il te plaît.* | ***Dansez***, *s'il vous plaît.*

※否定命令文は動詞を **ne (n')** と **pas** ではさんで作ります。
　　Ne ***prends*** *pas* de café.

 EXERCICE 命令文に書き換えましょう。可能な場合には **s'il te plaît, s'il vous plaît** も補ってください。

1. Nous faisons la cuisine tous les jours. ....

2. Vous cherchez mon dictionnaire. ....

3. Tu vas à l'hôpital. ....

4. Tu écoutes tes parents. ....

4 強勢形代名詞

 080

主語でも目的語でもない位置で用いられる代名詞です。

私	君	彼	彼女	私たち	あなた・あなた方	彼ら	彼女ら
moi	toi	lui	elle	nous	vous	eux	elles

① 主語の強調：　　　　　　　***Moi***, je m'appelle Masaki.

② **C'est** のあと：　　　　　　Sophie ? C'est ***elle***.

③ 前置詞のあと：　　　　　　Tu viens avec ***nous*** ?

④ 省略文で：　　　　　　　　J'habite à Kobe. Et ***vous*** ?

⑤ **et** や **ou** で並列するとき：　***Toi*** et ***lui***, vous êtes amis ?

⑥ 命令文中で（**moi, toi** のみ）：　Téléphonez-***moi*** ce soir.

 EXERCICE 適切な強勢形代名詞を補い、文を訳しましょう。

1. Je viens chez .... demain. ［君］

2. ...., elle est française. Et .... ? ［彼女／彼ら］

3. Où est ton frère ? C'est .... ? ［彼］

4. Donnez-.............. un café, s'il vous plaît. ［私］

音声を聞いて ＿＿＿＿ を埋め、文を訳しましょう。 (081)

1. En général, ＿＿＿＿ est-ce que vous mangez au petit déjeuner ?

   – Je mange ＿＿＿＿ pain avec ＿＿＿＿ confiture.

   Et ＿＿＿＿ est-ce que vous buvez* ?   *buvez < boire

   – Je bois ＿＿＿＿ café au lait.

2. Vous buvez ＿＿＿＿ bière au déjeuner ?

   – Non, je ne bois pas ＿＿＿＿ bière, mais je bois ＿＿＿＿ eau.

3. Qu'est-ce que vous ＿＿＿＿ au dîner ?

   – Je ＿＿＿＿ viande avec ＿＿＿＿ salade verte et ＿＿＿＿ vin rouge.

boire （   ） (082)

je bois	nous buvons
tu bois	vous buvez
il / elle boit	ils / elles boivent

下記の語彙の意味を調べて（   ）に適切な部分冠詞を書きましょう。**Activité 1** を参考に、これらの語彙を使って、周囲の人に食事について尋ねましょう。

Les boissons
飲み物 (083)

( ) café	( ) thé	( ) lait	( ) vin rouge
( ) café au lait	( ) thé au lait	( ) jus de pomme	( ) vin blanc
( ) eau	( ) thé au citron	( ) jus de tomate	( ) bière
( ) eau minérale	( ) thé japonais	( ) jus d'orange	
	( ) thé chinois		

Les aliments
食べ物 (084)

( ) pain	( ) poisson	( ) yaourt	des céréales
( ) riz	( ) viande	( ) glace	des sandwichs
	( ) salade	( ) beurre	des spaghettis
	( ) soupe aux légumes	( ) miel	des nouilles
	( ) soupe de miso	( ) confiture	des fruits

ACTIVITÉ 3 [　　]の動詞を使って、それぞれの人称に対する命令文を書きましょう。

1. あなたの辞書を探してください。 (tu)　..

   [chercher] (vous)　..

2. あなたの消しゴムを私にください。 (tu)　..

   [donner-moi] (vous)　..

3. あなたのカバンを手に取ってください。 (tu)　..

   [prendre] (vous)　..

4. 私たちのカバンを手に取りましょう。 (nous)　..

 ACTIVITÉ 4 Activité 3 の命令文を使って、周囲の人に指示を出しましょう。下記の語も使って練習しましょう。

crayon	stylo	livre	cahier	portable	trousse

 ACTIVITÉ 5 これまでに学習した表現（名前、住んでいるところ、国籍・職業、年齢、兄弟やペットの有無、性格など）を使い、例にならって周囲の人と会話しましょう。

ex. Je m'appelle Jean-Jacques. Et vous ?

　　J'ai faim. Et toi ?

 ACTIVITÉ 6 何と書いてありますか？

1.

2.

marcher：うまくいく
pas plus：同様に〜ない
parce que：なぜなら
on：私たち（の店）
　　　（→ p.90）

3.

11 Je peux sortir ?

出かけてもいい？

LES PHRASES-CLÉS

Qu'est-ce que tu fais ? – Je viens de rentrer à la maison.

Qu'est-ce que vous allez faire ce week-end ?
– Je vais travailler dans un café.

Je veux regarder la télé et dormir.

Est-ce que je peux sortir ?
– Non, tu ne peux pas sortir. Tu dois rester à la maison aujourd'hui.

❶ 近接未来、近接過去

Leçon 9 で学習した aller や venir は、未来のことや、ついさっきのことを語るときにも用いることができます。

| aller | ＋ | 動詞の原形 | ：〜するつもりだ、〜するだろう（近接未来） |

Mes amis ***vont venir*** au Japon cet hiver.

※「〜しに行く」という意味でも使います。Je vais chercher mes enfants à la gare. 駅に子供を迎えに行く。
　どちらの意味になるかは文脈で判断します。

| venir | ＋ | **de (d')** | ＋ | 動詞の原形 | ：〜したばかりだ (近接過去) |

Je ***viens de finir*** mon travail.

※〈venir ＋動詞の原形〉：〜しに来る　Beaucoup d'étrangers viennent visiter Kyoto. 多くの外国人が京都を訪れに来る。

※ 否定文は aller または venir のみを ne（n'）と pas ではさみます。Mes amis *ne* vont *pas* venir au Japon cet hiver.

近接未来と近接過去の文に書き換えましょう。

1. Les enfants rentrent à la maison.

   ....

   ....

2. Nous faisons la vaisselle.

   ....

   ....

3. Je prends le petit déjeuner.

....

....

4. Lucie a un bébé.

....

....

2 動詞 devoir, pouvoir, vouloir の直説法現在

(087)

devoir と vouloir は後ろに名詞や別の動詞の原形を、pouvoir は別の動詞の原形を置いて用いることの多い動詞です。

devoir （　　　　　）	
je dois	nous devons
tu dois	vous devez
il / elle doit	ils / elles doivent

Je ***dois*** partir tout de suite.

pouvoir （　　　　　）	
je peux	nous pouvons
tu peux	vous pouvez
il / elle peut	ils / elles peuvent

Tu ***peux*** venir chez moi demain ?

vouloir （　　　　　）	
je veux	nous voulons
tu veux	vous voulez
il / elle veut	ils / elles veulent

Il ***veut*** voyager en France.

※ 否定文は devoir, pouvoir, vouloir のみを ne と pas ではさみます。Tu ***ne*** peux ***pas*** venir chez moi demain ?

2
EXERCICE [　　]の動詞を直説法現在に活用させて .... に書き、文を訳しましょう。

1. .... - vous boire de l'alcool ? [pouvoir]

2. Demain, nous .... rester à la maison. [devoir]

3. Si tu .... , je .... préparer le dîner. [vouloir / aller]

4. Est-ce que je .... regarder la télé ? [pouvoir]

1 ACTIVITÉ 何と書いてありますか？

1.

2.

être remis：受動態（→ p.92）
remis：remettre「預ける」の過去分詞
direction：会社側

2 ACTIVITÉ 音声を聞いて ＿＿＿ を埋め、文を訳しましょう。

1. Tu ＿＿＿ sortir ce soir ?

2. Aujourd'hui, je ＿＿＿ faire mes devoirs de français.

3. Elle ＿＿＿ d'avoir un bébé. Je suis impatiente de voir sa fille !

4. Dans un cinéma, on* ＿＿＿ fumer, on ＿＿＿ téléphoner non plus bien sûr. Et on ＿＿＿ regarder le film sans faire de bruit. Pendant le film, si vous ＿＿＿, vous ＿＿＿ manger du pop-corn et boire quelque chose.

＊ **on**：「人々」（→ p.90）

3 ACTIVITÉ 例を参考に、教室でそれぞれの行為が可能かどうか、周囲の人と会話しましょう。

ex. prendre des notes : Est-ce que je peux prendre des notes ici ?
　　　　　　　　　– Oui, tu peux [vous pouvez] prendre des notes ici.

téléphoner :　　 Est-ce que je peux téléphoner ici ?
　　　　　　　　　– Non, tu ne peux pas [vous ne pouvez pas] téléphoner ici.

1. manger
2. travailler
3. bavarder avec des amis
4. poser des questions
5. dormir
6. écouter de la musique

4 ACTIVITÉ この週末について、あなた自身の予定をフランス語で書きましょう。近接未来、**devoir, vouloir** を用いて、それぞれ **2** 文ずつ書きましょう。

1.

2.

3.

 5 ACTIVITÉ Activité 4 で書いた文を使い、例にならって周囲の人と週末の生活について話しましょう。

ex. Qu'est-ce que tu vas [vous allez] faire ce week-end ?

Qu'est-ce que tu dois [vous devez] faire ce week-end ?

Qu'est-ce que tu veux [vous voulez] faire ce week-end ?

Les nombres (70~)

数　詞 (70 ～) 🎧 090

70 soixante-dix	71 soixante et onze	72 soixante-douze…
80 quatre-vingts	81 quatre-vingt-un	82 quatre-vingt-deux…
90 quatre-vingt-dix	91 quatre-vingt-onze	92 quatre-vingt-douze…
100 cent	101 cent un	200 deux cents

999 neuf cent quatre-vingt-dix-neuf　　　　1000 mille

1234 mille deux cent trente-quatre　　　2000 deux mille　　10000 dix mille

---

 6 ACTIVITÉ 数字を読んでみましょう。

1.

2.

3.

Leçon 12 Qu'est-ce que vous avez fait hier ?

昨日は何をしましたか？

LES PHRASES-CLÉS

Qu'est-ce que vous avez fait hier ？ – J'ai travaillé dans un café.

Moi, je ne suis pas sortie ce week-end. Je suis restée à la maison.

Ce matin, j'ai pris le petit déjeuner à 10 heures.

La semaine dernière, nous avons mangé ensemble dans un restaurant.

Vous êtes né en quelle année ？ – Je suis né en 1999.

---

1 過去分詞

この課で学習する複合過去には過去分詞を使います。過去分詞は次のように作ります。

動詞の原形語尾が -er：-er ⇒ -é　　　　　　　**不規則動詞：過去分詞も不規則**

parler ⇒ parlé　　　　aller ⇒ allé　　　　avoir ⇒ eu　　　　　venir ⇒ venu

EXERCICE 1 過去分詞を書きましょう。不規則動詞の過去分詞は辞書で確認しましょう。

1. regarder ⇒ ....　　2. chanter ⇒ ....　　3. manger ⇒ ....

4. être ⇒ ....　　5. faire ⇒ ....　　6. prendre ⇒ ....

2 直説法複合過去

過去の出来事や行為、経験などを表します。複合過去には **2** つの形がありますが、どちらの形になるかは動詞によって決まっています。ほとんどの動詞は **avoir** を用いますが、**aller** のように一部の動詞は **être** を用います。

複合過去の形

① **avoir + 過去分詞**：　J'*ai parlé* à Paul hier.

② **être + 過去分詞**：　Je *suis allé* à Tokyo ce week-end.

※ **avoir** か **être** かわからないときには辞書で調べることができます。辞書の見方を確認しておきましょう。

EXERCICE 2 [　]の動詞を **avoir** 用いて複合過去にして .... に書き、文を訳しましょう。

1. Vous .... au bureau ? [téléphoner]

2. Mon père .... aux États-Unis en 2000. [travailler]

3. L'année dernière, nous .... un voyage en France. [faire]

4. Qu'est-ce que tu .... au dîner hier soir ? [prendre]

3 過去分詞の性・数一致

être を用いて複合過去を作るときには、過去分詞が主語と性・数一致します。主語が女性単数名詞の場合には過去分詞に **e** を、男性複数名詞の場合には **s** を、女性複数名詞の場合は **es** を付けます。

Je **suis allé / allée**

Tu **es allé / allée**

Il **est allé**

Elle **est allée**

Nous **sommes allés / allées**

Vous **êtes allé / allée / allés / allées**

Ils **sont allés**

Elles **sont allées**

à Tokyo ce week-end.

3
EXERCICE être を用いて複合過去を作る動詞の主なものです。意味を調べ、過去分詞を書きましょう。

1. partir _____

2. arriver _____

3. sortir _____

4. venir _____

5. rentrer _____

6. rester _____

7. naître _____

8. mourir _____

4
EXERCICE [ ] の動詞を être を用いて複合過去にして _____ に書き、文を訳しましょう。

1. Il _____ chez moi la semaine dernière. [venir]

2. Jacques et toi, vous _____ à la maison dimanche ? [rester]

3. Elle _____ avec ses amis. [partir]

4. Elles _____ tout à l'heure. [rentrer]

5. Ma sœur _____ en 1999. [naître]

4 複合過去の否定形

(093)

複合過去の否定形は avoir または être のみを ne (n') と pas ではさみます。

Je *n'*ai *pas* parlé à Paul hier.　　　Je *ne* suis *pas* allé à Tokyo ce week-end.

5
EXERCICE Exercice 2、Exercice 4 の **1.** と **2.** を否定文に書き換えましょう。

2-1. _____

2-2. _____

4-1. _____

4-2. _____

ACTIVITÉ 1 あなたが質問されているという設定で [ ] の動詞を複合過去にして＿＿＿＿に書き、訳しましょう。 （094）

1. Ce matin, vous _____ le petit déjeuner à quelle heure ? [prendre]

2. Aujourd'hui, vous _____ à quelle heure ? [partir]

3. La semaine dernière, vous _____ à l'université ? [aller]

4. Hier, vous _____ à la maison à quelle heure ? [rentrer]

5. Il y a trois jours, vous _____ dans un restaurant ? [dîner]

6. Ce week-end, qu'est-ce que vous _____ ? [faire]

ACTIVITÉ 2 Activité 1 の質問に対して、あなた自身の答えを書きましょう。

1. _____

2. _____

3. _____

4. _____

5. _____

6. _____

ACTIVITÉ 3 Activité 1 と Activité 2 の会話を周囲の人と練習しましょう。

ACTIVITÉ 4 例にならって、それぞれの人物の生年、没年について会話しましょう。

ex. 織田信長： Oda Nobunaga, il est né en quelle année ?
(1534–1582)　　　 – Il est né en 1534.

Marylin Monroe： Marilyn Monroe, elle est morte en quelle année ?
(1926–1962)　　　 – Elle est morte en 1962.

1. Napoléon Bonaparte (1769–1821)　　　2. Louis XIV (1638–1715)

3. 聖徳太子 (574–622)　　　4. 豊臣秀吉 (1537–1598)

ACTIVITÉ 5 音声を聞き、過去の話か現在の話か、表に○印を書きましょう。さらにそれぞれの文を書きとってみましょう。 （095）

	過去	現在	
1			
2			
3			
4			
5			

6 ACTIVITÉ 何と書いてありますか？

1.

Cher Monsieur le taxi,
si vous avez retrouvé mon téléphone
(Iphone 5)　Merci de m'appeler
au 067701 ou 014326

2.

ne~rien：何も〜ない
assurez-vous：確認してください

3.

Rudolf Noureev：
ルドルフ・ヌレエフ（ロシア出身のバレエダンサー）
directeur：芸術監督

4.

Pierre Vellones：
ピエール・ヴェローヌ（フランスの作曲家）

7 ACTIVITÉ 音声を聞いて　　　　を埋め、文を訳しましょう。 096

Hier, Pierre et ses amis, Philippe et Sophie, _____ ensemble au cinéma.

Ensuite, ils _____ au restaurant, mais Pierre n' _____ pas beaucoup

_____ son dessert !

Leçon

13 Je me couche à minuit.

私は 12 時に寝ます

> **LES PHRASES-CLÉS**
>
> Vous vous levez à quelle heure ?
> – En général, je me lève à 7 heures et je me couche à 11 heures.
>
> Nous ne nous téléphonons pas souvent.
>
> Ils se sont promenés en ville. Ils se sont bien amusés.
>
> Aujourd'hui, elle ne s'est pas levée à 6 heures.

1 代名動詞の直説法現在

英語の再帰代名詞 (oneself) にあたる代名詞 se (s') を伴う動詞を**代名動詞**と言います。se (s') の部分も主語に合わせて変化します。

se coucher （　　　　　　　）	
je **me** couche	nous **nous** couchons
tu **te** couches	vous **vous** couchez
il / elle **se** couche	ils / elles **se** couchent

※ Leçon 1 で学習した s'appeler も代名動詞です。

Je *me couche* à minuit.
Je ne *me couche* pas à minuit.

※ 辞書は se のあとの動詞で引きます。上記の動詞は coucher で引き、se coucher の項目で意味を見ます。
※ 否定文にするには、〈se 動詞〉全体を ne と pas ではさみます。

 意味を調べ、直説法現在の活用を書きましょう (lever は変則的な -er 規則動詞です。辞書で活用を確認しましょう)。

se lever （　　　　　　）	s'habiller （　　　　　　）

2 代名動詞の用法

代名動詞の主な用法は次の 2 つです。

① 「自分 (たち) 自身を (に) 〜する」　Je *me couche* à minuit.　　私は 12 時に寝る。
　　　　　　　　　　　　　　　　　　　　　　　　　　　　　　　（←自分自身を寝かせる）

② 「お互いに〜する」　※主語は必ず複数　Ils *s'aiment*.　　彼らは愛し合っている。

［　］の動詞を直説法現在に活用させて ＿＿＿＿ に書き、文を訳しましょう。

1. Le matin, je prends ma douche et je ＿＿＿＿＿＿＿＿＿＿＿＿＿＿＿ . ［ s'habiller ］

2. En général, mes enfants ＿＿＿＿＿＿＿＿＿＿＿ à 6 heures et demie. ［ se lever ］

3. À quelle heure est-ce que vous ＿＿＿＿＿＿＿＿＿＿＿ le week-end ? ［ se coucher ］

4. Ils ＿＿＿＿＿＿＿＿＿＿ souvent ? ［ ne pas* se téléphoner ］ *ne pas は正しい位置に

3 代名動詞の直説法複合過去

代名動詞の複合過去には être を使います。

se coucher	
je me suis couché(e)	nous nous sommes couché(e)s
tu t'es couché(e)	vous vous êtes couché(e)(s)
il s'est couché	ils se sont couchés
elle s'est couchée	elles se sont couchées

※ être の位置に気をつけましょう。être を使いますから、過去分詞は主語と性・数一致します（→より詳しくは p.93）。
※否定文では ne - pas の位置に気をつけましょう。

Je *me suis couché* à minuit.　　Je ne *me suis* pas *couché* à minuit.

直説法複合過去に活用させましょう。

se lever	se reposer （　　　　　）

［　］の動詞を直説法複合過去に活用させて ＿＿＿＿ に書き、文を訳しましょう。

1. Ce matin, tu ＿＿＿＿＿＿＿＿＿＿＿ à quelle heure ? ［ se lever ］

2. Nous ＿＿＿＿＿＿＿＿＿＿＿ à la maison hier soir. ［ se reposer ］

3. Ah, les filles, vous ＿＿＿＿＿＿＿＿＿＿＿ à la soirée ? ［ s'amuser ］

5. À Paris, vous ＿＿＿＿＿＿＿＿＿＿＿ sur les quais de la Seine ? ［ ne pas* se promener ］
*ne pas は正しい位置に

ある人物の月曜日の生活です。与えられた動詞を直説法現在に活用させて _____ に書き、文を訳しましょう。

🎧102

Le lundi, je _____(se lever)_____ à 7 heures et demie. Je _____(se laver)_____ la figure et je _____(se brosser)_____ les dents. Et puis, je _____(prendre)_____ le petit déjeuner vers 8 heures et je _____(s'habiller)_____ . Je _____(partir)_____ à 9 heures moins le quart. J' _____(avoir)_____ 3 cours de 10 heures et demie à 4 heures et quart. Je _____(rentrer)_____ chez moi vers 6 heures. Je _____(faire)_____ la cuisine et je _____(dîner)_____ . Le soir, je _____(se reposer)_____ et je _____(travailler)_____ un peu. Je _____(se coucher)_____ à minuit.

Activité 1 にならい、あなた自身の月曜日の生活をフランス語で書きましょう。

_____

_____

_____

_____

例にならい、周囲の人に月曜日の生活について尋ねましょう。

ex. Tu te lèves [Vous vous levez] à quelle heure ?

Ensuite, qu'est-ce que tu fais [vous faites] ?

Tu as [Vous avez] des cours de quelle heure à quelle heure ?

先週末のあなた自身について、質問に答えましょう。

🎧103

1. Samedi dernier, à quelle heure est-ce que vous vous êtes levé(e) ?

_____

Et qu'est-ce que vous avez fait le matin ?

_____

Ensuite, qu'est-ce que vous avez fait l'après-midi ?

_____

Vous vous êtes couché(e) à quelle heure ?

_____

2. Dimanche dernier, vous vous êtes reposé(e) à la maison ?

Est-ce que vous vous êtes promené(e) en ville* avec des amis ?　　　*en ville : 町で

 Activité 4 の文を使って、周囲の人と会話しましょう。

 次の文章を読み、音声の内容が合っていれば「**vrai**」に、間違っていれば「**faux**」に、わから なければ「**?**」に○を付けましょう。

　Mon frère est employé. En général, il se lève à 6 heures et il part à 7 heures et quart. Il travaille jusqu'à 6 heures et demie et il rentre vers 8 heures. Ensuite il prend son bain et il se couche à minuit.

　Mais aujourd'hui, il a pris un congé. Alors il s'est levé à 11 heures. Et puis, il s'est douché et il s'est habillé. Il est sorti avec son amie. Ils sont allés au cinéma, et après, ils sont allés au restaurant italien. Ils se sont bien amusés.

	1	2	3	4	5
vrai					
faux					
?					

 何と書いてありますか？

1.

UNE JOURNÉE
SANS CAFÉ
C'EST RISQUER
DE S'ENDORMIR
AVANT L'APÉRO !!!

NE PRENEZ PAS
LE RISQUE

risquer de 〜 : 〜のおそれがある
l'apéro : アペリティフ（食前酒）の時間

2.

SI VOUS ÊTES FATIGUÉ
LAISSEZ VOTRE PLACE
À UNE FEMME ENCEINTE OU
À UNE PERSONNE AGÉE
VOUS VOUS SENTIREZ MIEUX

vous vous sentirez : se sentir の未来形（→ Leçon 17）
mieux : bien の比較級「より良く」（→ p.90）

3.

Validation
obligatoire
de votre ticket

Le conducteur est là
pour s'assurer
du bon déroulement
de la validation

validation : 改札の機械に通すこと
déroulement :（改札が）行われること

Leçon

14 Je le connais.

私は彼を知っています

LES PHRASES-CLÉS

> Vous connaissez mon frère ? – Oui, je le connais bien.
>
> Je t'attends devant le cinéma.
>
> Vous ne m'écoutez pas du tout ! – Si, je vous écoute monsieur.

1 動詞 connaître, attendre の直説法現在

connaître （　　　　）	
je connais	nous connaissons
tu connais	vous connaissez
il / elle connaît	ils / elles connaissent

attendre （　　　　）	
j' attends	nous attendons
tu attends	vous attendez
il / elle attend	ils / elles attendent

※ il / elle の活用の綴りに気をつけましょう。

Je ***connais*** sa sœur.　　　　　　　J'***attends*** le train.

EXERCICE 1　1 と 2 は connaître を、3 と 4 は attendre を活用させて .... に書き、文を訳しましょう。

1. Vous .... l'adresse e-mail de Léon ?

2. Yuka ne .... pas très bien la France.

3. Nous .... le printemps avec impatience. Il fait très froid en hiver ici.

4. .... -moi ! Tu marches trop vite !

2 直接・間接目的語

直接目的語は動詞のあとに直接置かれ、間接目的語は動詞のあとに前置詞 à を伴って置かれます。

Je　donne　ce livre　à Pierre　demain à l'école.　※間接目的語はしばしば〈à＋人〉です。
　動詞　　直接目的語　間接目的語　　　　　　　　　※時や場所の表現は、直接目的語にも間接目的語にもなりません。

EXERCICE 2　直接目的語の下には直線、間接目的語の下には波線を引きましょう。

1. Tu connais mon frère ?

2. Est-ce qu'elle téléphone à sa mère tous les soirs ?

3. Vous attendez vos parents à la gare ?

4. Tes enfants n'aiment pas ce gâteau ?

❸ 直接・間接目的語代名詞

受ける名詞の性・数によって形が決まっています。フランス語の代名詞は動詞の前に置きます。 107

	直接目的	間接目的
私	me（m'）	
君	te（t'）	
男性単数	le（l'）	lui
女性単数	la（l'）	
私たち	nous	
あなた・あなた方	vous	
男女複数	les	leur

Je donne ce livre à Marie.

➡ Je *le* donne à Marie. / Je *lui* donne ce livre.

Tu *m'*aimes ? – Oui, je *t'*aime.

Vous connaissez sa sœur ?

– Non, je ne *la* connais pas.

※否定文になっても代名詞は動詞の前に置きます。肯定命令文のみ、代名詞は動詞のあとにハイフンを補って置きます。

Mange ce gâteau. ⇨ Mange-*le*.

3
EXERCICE Exercice 2 の各文に、直接・間接目的語代名詞を用いて肯定と否定で答えましょう。

1. ....
2. ....
3. ....
4. ....

4
EXERCICE ［　］の動詞を正しく活用させ、（　）に適切な代名詞（目的語代名詞・強勢形代名詞）を補い、文を完成させましょう。

1. Ils （　　　　　） .... à dîner chez （　　　　） ce soir. ［inviter］

   今夜彼らは私たちを彼らの家へ晩御飯に招待してくれる。

2. Tu ne （　　　　　） .... pas. ［écouter］

   – Si, je （　　　　　） .... Je .... tout à fait d'accord avec （　　　　　）.

   ［écouter / être］

   君は僕の話を聞いていないね。—聞いてるよ。君にまったく賛成だ。

3. Je （　　　　　） .... ma fiancée. Et （　　　　　）? C'est son fils. ［présenter］

   あなた方に私の婚約者をご紹介します。そして彼ですか？ 彼女の息子です。

4. Qu'est-ce que vous （　　　　） .... comme vin avec ce plat ? ［recommander］

   この料理にはワインは何がお勧めですか？（私たちに何を勧めてくださるのですか？）

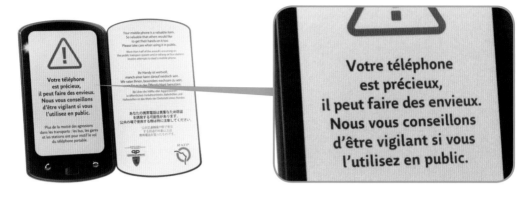

ACTIVITÉ 1　何と書いてありますか？

1.

2.

tous：tout の複数形。「すべての人」
aider 〜 à ...：〜が…するのを助ける

3.

hors servise：使用不能
occasionné(e)：occasionner の過去分詞
　（過去分詞の形容詞的用法→ p.93）
borne：端末（機器）
à proximité：すぐ近くの

4.

plus de 〜：〜以上の

ACTIVITÉ 2 例にならい、周囲の人と練習しましょう。適当な代名詞を用いて、肯定または否定で答えましょう。

ex. Vous connaissez *mon adresse* ?   – Oui, je *la* connais. / –Non, je ne *la* connais pas.

1. mon numéro de téléphone
2. mon adresse e-mail
3. mes parents
4. Emmanuel Macron
5. le musée du Louvre
6. la Statue de la Liberté à Paris

ACTIVITÉ 3 代名詞に注意して訳しましょう。 108

Mon ami s'appelle Pierre. Je le connais depuis longtemps. Il me parle de* son travail, et moi, je lui parle de mes études. Pierre a une petite amie, mais je ne la connais pas.

*parler de ～ : ～の話をする

....

....

ACTIVITÉ 4 音声を聞いて _____ を埋め、文を訳しましょう。 109

1. Où est-ce que tu _____ attends ? – Je _____ attends devant le cinéma.
2. Madame, j'ai une question. – Oui, je _____ écoute.
3. Qu'est-ce qu'il dit* ? Il _____ parle en espagnol ?   *dit < dire
4. Alice et Florent ? Téléphone-_____, s'il te plaît. Nous _____ invitons à dîner chez nous ce vendredi.

110

dire ( )	
je dis	nous disons
tu dis	vous dites
il / elle dit	ils / elles disent

Leçon 15 En 2000, j'étais étudiant.

2000 年、私は大学生でした

LES PHRASES-CLÉS

En 2000, qu'est-ce que vous faisiez ? – J'étais encore étudiant.

Avant, il n'aimait pas les tomates.
Maintenant, il aime beaucoup ça.

Quand j'étais petite, je voulais être chanteuse.

Quand ma sœur est née, ma mère avait 20 ans.

---

① 直説法半過去

過去の状態や、進行中の行為・出来事、習慣を表します。複合過去と違って、動詞自体が活用します。活用語尾は全動詞共通です。

直説法半過去の形

直説法現在 **nous** の活用から
語尾の **ons** を取り除いた部分

+

je (j')	- ais	nous	- ions
tu	- ais	vous	- iez
il / elle	- ait	ils / elles	- aient

parler (nous parl~~ons~~)		**avoir** (nous av~~ons~~)	
je parl<u>ais</u>	nous parl<u>ions</u>	j' av<u>ais</u>	nous av<u>ions</u>
tu parl<u>ais</u>	vous parl<u>iez</u>	tu av<u>ais</u>	vous av<u>iez</u>
il / elle parl<u>ait</u>	ils / elles parl<u>aient</u>	il / elle av<u>ait</u>	ils / elles av<u>aient</u>

être (ét-)

EXERCICE être のみ独自の語幹 ét - を持っています。上の表に être の半過去の活用を書きましょう。

x

2 EXERCICE 直説法半過去の活用を書きましょう。 🎧113

aller	faire	vouloir

3 EXERCICE ［　］の動詞を直説法半過去に活用させて ＿＿＿ に書き、文を訳しましょう。

1. Hier, il ＿＿＿＿＿＿ beau à Fukuoka. ［faire］

2. Quand j' ＿＿＿＿ petit, je ＿＿＿＿＿ être médecin. ［être / vouloir］

3. Quand vous ＿＿＿＿ à Paris, vous ＿＿＿＿ quel âge ? ［habiter / avoir］

4. Avant, nous ＿＿＿＿ très souvent à la mer avec nos cousins. ［aller］

2 複合過去と半過去の比較

複合過去が出来事や行為など、点的イメージで事柄を描写するのに対し、半過去は状態や進行中の行為など線的イメージで事柄を描写します。

Quand je suis rentré à la maison, j'avais mal à la tête.

家に帰った（出来事）　　　　頭が痛かった（そのときの状態）

4 EXERCICE 日本語に合うように［　］の動詞を直説法複合過去または直説法半過去に活用させましょう。

1. Quand elle ＿＿＿＿ à la maison, sa mère ＿＿＿＿ la cuisine. ［rentrer / faire］

   彼女が家に帰ったとき、彼女の母は料理をしているところだった。

2. Nous ＿＿＿＿ le dîner. Tout d'un coup le téléphone ＿＿＿＿. ［prendre / sonner］

   私たちは夕食中だった。すると突然電話が鳴った。

3. En 1970, ils ＿＿＿＿ lycéens. Ils ＿＿＿＿ le rock. ［être / aimer］

   1970年、彼らは高校生だった。彼らはロックが好きだった。

4. Tu ＿＿＿＿ au cinéma dimanche dernier ? – Oui, c' ＿＿＿＿ très bien.

   この前の日曜日、映画に行ったの？　―うん、とても良かったよ。　　　　　　　　　　　［aller / être］

ACTIVITÉ 1　意味をよく考え、それぞれの文の続きを **a.** 〜 **f.** から選びましょう。　114

1. Hier, je me suis couché à 10 heures, 　　　　　　(　　　)

2. Quand sa sœur est née, 　　　　　　　　　　　(　　　)

3. Ce week-end, je suis allé voir un film. 　　　　(　　　)

4. Aujourd'hui, à 8 heures ? 　　　　　　　　　　(　　　)

5. En France, nous avons rencontré une jeune française. (　　　)

a. C'était nul !

b. Elle était très sympa.

c. parce que j'avais sommeil.

d. Ce n'était pas délicieux.

e. Nous prenions le train pour aller à l'université.

f. il avait 3 ans.

ACTIVITÉ 2　あなた自身の子供の頃について、以下の質問に答えましょう。　115

Quand vous étiez petit(e), ...

1. ... où est-ce que vous habitiez ?

　　　　..

2. ... qu'est-ce que vous aimiez manger ?

　　　　..

3. ... vous étiez comment ? Quel type d'enfant est-ce que vous étiez ?

　　　　..

4. ... qu'est-ce que vous vouliez faire plus tard ? Vous vouliez être médecin ?

　　　　..

ACTIVITÉ 3　Activité 2 の文を使って周囲の人と会話しましょう。

ACTIVITÉ 4 音声を聞き、それぞれの動詞が現在、複合過去、半過去のどの時制で用いられているか、116
表に〇印を書きましょう。その後、動詞を正しく活用させ、文を完成させましょう。

		現	複	半
1	aimer			
	adorer			
2	arriver			
	faire			
3	habiter			
	emménager			

		現	複	半
4	être			
	changer			
5	être			
	avoir			
	venir			

1. Avant, je n'_____ pas les tomates. Maintenant, j'_____ ça.

2. Quand nous _____ chez lui, il _____ nuit.

3. Il _____ à Nagasaki. Il _____ il y a 3 jours.

4. Ce n'_____ pas vrai ! Elle _____ beaucoup _____ !
   Elle _____ très timide.

5. Tu _____ quel âge, quand tu _____ au Japon ?

ACTIVITÉ 5 何と書いてありますか？

1.

2.

〈si ＋半過去〉：〜しましょうか
voyait ＜ voir

3.

resucé ＜ resucer：しゃぶりなおす
c'est que 〜：それは〜だからだ

Leçon
16 J'ai un ami qui habite à Kyoto.

京都に住んでいる友人がいます

LES PHRASES-CLÉS

Vous savez ce que c'est ? – Non, je ne sais pas.

Moi, j'ai un ami qui habite à Kyoto.

C'est une couleur que j'aime beaucoup.

Vous connaissez ceux qui sont devant la porte ?

---

❶ 動詞 savoir の直説法現在

savoir (　　　　　　　　) 過去分詞：	
je sais	nous savons
tu sais	vous savez
il / elle sait	ils / elles savent

Vous **savez** parler français ?

※〈savoir ＋動詞の原形〉：〜できる（能力）

EXERCICE 1 savoir の過去分詞も調べましょう。

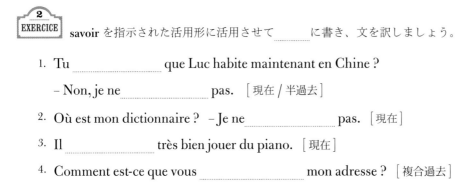

EXERCICE 2 savoir を指示された活用形に活用させて ⎯⎯⎯ に書き、文を訳しましょう。

1. Tu ⎯⎯⎯⎯⎯ que Luc habite maintenant en Chine ?

   – Non, je ne ⎯⎯⎯⎯⎯ pas. [現在 / 半過去]

2. Où est mon dictionnaire ? – Je ne ⎯⎯⎯⎯⎯ pas. [現在]

3. Il ⎯⎯⎯⎯⎯ très bien jouer du piano. [現在]

4. Comment est-ce que vous ⎯⎯⎯⎯⎯ mon adresse ? [複合過去]

2 関係代名詞 qui, que

共通する名詞を関係づけることによって 2 文を 1 文にするのに用いられるのが関係代名詞です。フランス語では、先行詞は「人」でも「物・こと」でも構いません。

qui	:	先行詞が後続する文の主語にあたる	**J'ai un ami qui habite à Kyoto.**

私には京都に住んでいる友人がいます。

(J'ai un ami. / Cet ami habite à Kyoto.)

que (qu')	:	先行詞が後続する文の直接目的語にあたる	**La robe qu'elle porte est très élégante.**

※母音または h の前では que は qu' になります。
彼女が着ているドレスはとても上品です。

(La robe est très élégante. / Elle porte cette robe.)

 関係代名詞 **qui** または **que** を用いて 1 文にし、訳しましょう。

1. Les exercices sont très difficiles. Nous faisons ces exercices.

---

2. Tu connais ce garçon ? Il s'appelle Thomas.

---

3. Ce tableau est un Picasso. Le tableau est sur le mur.

---

4. Les gens parlent de* ce monsieur. Il a vu ce monsieur dans un café hier.   * parler de ~ : ～の話をする

3 指示代名詞

関係代名詞の先行詞として用いることのできる代名詞です。

ce	:	～なもの、～なこと	**Tu peux me dire ce que tu veux faire.**

君がしたいことを私に言っていいよ。

celui, celle, ceux, celles	:	～な人	**Vous connaissez celui qui est devant la porte ?**
男性単　女性単　男性複　女性複			

ドアの前にいる男性を知っていますか？

 訳しましょう。

1. Il a enfin rencontré celle qu'il voulait épouser.

2. Ceux qui connaissent Anne disent qu'elle est très belle.

3. Tu sais ce que c'est ? C'est une baguette magique !

4. Ce que j'aime, ce sont les comédies musicales. Ce que je n'aime pas, c'est le foot.

周囲の人に質問をしましょう。尋ねられた人は、« **Oui, je sais.** » または « **Non, je ne sais pas.** » で
答えましょう。

1. Vous savez quel est le prénom de votre professeur(e) de français ?

2. Vous savez où j'habite ?

3. Vous savez ce que j'aime comme* sport ?　　　　*comme ~ : 〜として

4. Vous savez qui est Yves Montand ?

5. Vous savez conduire ?

 どんな友人がいますか。例にならい、関係代名詞を使って友人を紹介しましょう。

ex.　J'ai un(e) ami(e) qui habite à Kyoto.

　　　J'ai des ami(e)s qui sont sympathiques.

....

....

....

 例にならい、関係代名詞を使って周囲の人に自分の持ち物について好みを伝えましょう。

ex.　C'est une couleur (un livre, un sac, une jupe, etc.) que j'aime / que je n'aime pas.

 訳しましょう。

1. Ce qui est intéressant dans ce travail, c'est que je peux rencontrer beaucoup de gens.

   C'est exactement ce que je voulais faire.

2. Ce qui est insupportable, ce sont les personnes qui roulent trop lentement sur l'autoroute.

3. Je regardais, à la lumière de la lune, ce front pâle, ces yeux clos, ces mèches de cheveux qui

   tremblaient au vent, et je me disais : « Ce que je vois là n'est qu'*une écorce.　Le plus

   important** est invisible… »　　　– Antoine de Saint-Exupéry, *Le Petit Prince, Chapitre XXIV*

   　　　　　*ne... que ~ : 〜しか…ない　**le plus important : important の最上級（→ p.90）

4 ACTIVITÉ 何と書いてありますか？

1.

2.

3.

4.

Ne laissez pas votre bras dépasser à l'extérieur.

Ouverture
et fermeture
des fenêtres

Vous pouvez
ouvrir ou fermer
les fenêtres selon
votre désir.
En cas de désaccord
entre voyageurs,
priorité est donnée
à celui qui souhaite
fermer la fenêtre.

est donnée：donner の受動態 (→ p.92)

5.

Le Jardin du Luxembourg
a été créé au début du
XVIIe siècle par Marie de
Médicis.

Le Sénat qui administre
et entretient ce Jardin
est heureux de vous y
accueillir.

Sénat：元老院
entretient < entretenir

17 Il fera beau ce week-end.

今週末は晴れるでしょう

LES PHRASES-CLÉS

L'année prochaine, j'étudierai le français en France.

Qu'est-ce que vous ferez pendant les vacances ?　– J'irai en Italie.

Il fera beau mais un peu froid ce week-end.

Tu me diras ce que tu veux faire.

---

1 直説法単純未来

未来の行為や状態を表します。また、主語が **tu** または **vous** のときには軽い指示や依頼の表現としても用いられます。直説法現在や半過去のように、動詞自体が単純未来に活用します。活用語尾は全動詞共通です。

直説法単純未来の形

動詞の原形（原形語尾が **-re** のものは **e** を取って）

+

je（j'）	- (r)ai	nous	- (r)ons
tu	- (r)as	vous	- (r)ez
il / elle	- (r)a	ils / elles	- (r)ont

※活用語尾の直前の文字が
常に **r** になります。

parler		prendre	
je parler<u>ai</u>	nous parler<u>ons</u>	je prendr<u>ai</u>	nous prendr<u>ons</u>
tu parler<u>as</u>	vous parler<u>ez</u>	tu prendr<u>as</u>	vous prendr<u>ez</u>
il / elle parler<u>a</u>	ils / elles parler<u>ont</u>	il / elle prendr<u>a</u>	ils / elles prendr<u>ont</u>

Je ***parlerai*** avec Nina ce soir.　　　　Vous ***prendrez*** ce train pour aller à Kanazawa.

  直説法単純未来に活用させましょう。

travailler	partir	dire

2
EXERCICE ［　］の動詞を直説法単純未来に活用させて .... に書き、文を訳しましょう。

1. L'année prochaine, ils .... le coréen en Corée. ［étudier］

2. Nous .... ce travail la semaine prochaine. ［finir］

3. Zoé .... pour l'Allemagne dans 3 jours. ［partir］

4. Tu as faim ? Tu me .... ce que tu veux manger. ［dire］

❷ 単純未来で独自の語幹を持つ動詞　🎧126

avoir や être など、いくつかの動詞は独自の語幹を持っています。

avoir : j'aurai	être : je serai	aller : j'irai
venir : je viendrai	faire : je ferai	pouvoir : je pourrai

faire	
je ferai	nous ferons
tu feras	vous ferez
il / elle fera	ils / elles feront

À Tokyo, il *fera* beau ce week-end.

3
EXERCICE 直説法単純未来に活用させましょう。　🎧127

avoir	être	aller

4
EXERCICE ［　］の動詞を直説法単純未来に活用させて .... に書き、文を訳しましょう。

1. Qu'est-ce que vous .... pendant les vacances ? ［faire］

   – Nous .... voir nos grands-parents aux États-Unis. ［aller］

2. Dans 10 ans, elle .... une grande actrice ! ［être］

3. Si tu veux, je .... t'aider à déménager. ［pouvoir］

4. Vous .... chez moi cet après-midi. ［venir］

1.

MAIRIE DE PARIS

Ma voix
aura
le dernier mot.

Inscrivez-vous sur les listes électorales
dans votre mairie d'arrondissement
avant le 31 décembre.

www.elections.paris.fr   info 3975 Paris.fr

avoir le dernier mot：（議論に）勝つ

2.

Paul Smith
SHOE

VOUS TROUVEREZ LES
CHAUSSURES DANS
LA BOUTIQUE VOISINE.

3.

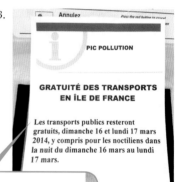

Annulez   Press the red button to cancel

ℹ️ PIC POLLUTION

**GRATUITÉ DES TRANSPORTS
EN ÎLE DE FRANCE**

Les transports publics resteront
gratuits, dimanche 16 et lundi 17 mars
2014, y compris pour les noctiliens dans
la nuit du dimanche 16 mars au lundi
17 mars.

**GRATUITÉ DES TRANSPORTS
EN ÎLE DE FRANCE**

Les transports publics resteront
gratuits, dimanche 16 et lundi 17 mars
2014, y compris pour les noctiliens dans
la nuit du dimanche 16 mars au lundi
17 mars.

noctilien：深夜便

4.

aimer
la ville

BIP!

PEU IMPORTE COMMENT VOUS VALIDEZ,
CE SERA TOUJOURS 5 EUROS D'AMENDE ÉVITÉS.

www.ratp.fr

**PEU IMPORTE COMMENT VOUS VALIDEZ,
CE SERA TOUJOURS 5 EUROS D'AMENDE ÉVITÉS.**

5.

Férou

**VISITES GUIDEES
DU JARDIN DU LUXEMBOURG**

En 2015, les visites guidées, par un jardinier du Jardin du
Luxembourg, reprendront **le premier mercredi de chaque
mois d'avril à octobre inclus**
Durant le mois de juin ces visites auront lieu tous les
mercredis.
Rendez-vous à 9h30 dans le jardin côté place André Honorat,
devant les grilles de l'Observatoire les mercredis 1ᵉʳ avril,6 mai
3 juin,10 juin,17 juin, 24 juin, 1ᵉʳ juillet, 5 aout, 2 septembre et
7 octobre.(**Départ de la visite avec 3 personnes minimum**)

avoir lieu：実施される

**VISITES GUIDEES
DU JARDIN DU LUXEMBOURG**

En 2015, les visites guidées, par un jardinier du Jardin du
Luxembourg, reprendront **le premier mercredi de chaque
mois d'avril à octobre inclus**
Durant le mois de juin ces visites auront lieu tous les
mercredis.

2 ACTIVITÉ 直説法単純未来を使って、あなた自身の答えを書きましょう。　(128)

1. Qu'est-ce que tu feras ce week-end ?

   ....

2. Est-ce que tu iras en France pendant les vacances de printemps ?

   ....

3. Est-ce que tu travailleras à l'étranger après tes études ?

   ....

4. Dans 10 ans, tu seras comment ?

   ....

5. Quel temps fera-t-il après-demain ?

   ....

3 ACTIVITÉ Activité 2 の文を使って周囲の人と会話しましょう。

4 ACTIVITÉ 直説法単純未来のニュアンスに注意しながら、訳しましょう。　(129)

1. Vous prendrez votre dictionnaire.
2. Vous me montrerez votre portable.
3. Vous me direz "35 (sanju-go)" en français.
4. Vous mettrez votre livre dans votre sac.

5 ACTIVITÉ Activité 4 の "dictionnaire" "portable" "35" "livre" をさまざまな語に入れ替え、周囲の人に指示を出しましょう。指示された人はその指示に従って行動してください。

6 ACTIVITÉ 音声を聞いて .... を埋め、文を訳しましょう。　(130)

Ken .... en France l'année prochaine pour étudier le français. Il ....

à l'université la semaine, et le week-end, il .... dans un restaurant. Moi, l'année

prochaine, je .... en Italie. J' .... le voir en France pendant les vacances.

コーヒーが欲しいのですが

┌─── **LES PHRASES-CLÉS** ───┐

Je voudrais un café, s'il vous plaît.

Qu'est-ce que vous aimeriez faire pendant les vacances ?

Ah, j'aurais dû voir ce film ce week-end !

Il aurait pu me téléphoner hier soir.

❶ 条件法現在

現在における非現実の仮定文の中で用いられる活用形です。語調を和らげて、丁寧さを表すときにも使います。活用語尾は全動詞共通です。

条件法現在の形

直説法単純未来の語幹

＋

je (j')	- ais	nous	- ions
tu	- ais	vous	- iez
il / elle	- ait	ils / elles	- aient

Si j'étais toi, je ne ***partirais*** pas sans elle.　※非現実の仮定文では「もし〜なら」の部分は半過去で表します。

Je ***voudrais*** un café, s'il vous plaît.

1 EXERCICE　条件法現在に活用させましょう。

pouvoir	devoir（語幹：devr）	vouloir（語幹：voudr）

2
EXERCICE　［　］の動詞を条件法現在に活用させ、文を訳しましょう。

1. Tu ＿＿＿＿＿＿＿＿ d'abord finir ton travail. ［devoir］

2. Je ＿＿＿＿＿＿＿＿ parler à Monsieur Tanaka, s'il vous plaît. ［vouloir］

3. Vous ＿＿＿＿＿＿＿＿ me téléphoner ce soir ? ［pouvoir］

4. Nous ＿＿＿＿＿＿＿＿ aller en Europe cet été. ［aimer］

5. S'il faisait beau, on ＿＿＿＿＿＿＿＿ un pique-nique dans le bois de Boulogne. ［faire］

2 条件法過去

過去における非現実の仮定文の中で用いられる活用形です。非難や失望・後悔などを表すときにも使います。

条件法過去の形
avoir の条件法現在 ＋ 過去分詞　　　　または　　　　**être** の条件法現在 ＋ 過去分詞

※ **avoir** か **être** かは直説法複合過去の場合と同じです。**être** を用いる際には過去分詞は主語と性・数一致します。

S'il avait fait beau, nous ***serions allés*** à la mer.　※ **si** のあとに **il, ils** が来るときは **s'il, s'ils** となります。

※非現実の仮定文では「もし（あのとき）〜だったら」の部分は大過去（→ **p.91**）で表します。

J'***aurais dû*** partir plus tôt.

3
EXERCICE　条件法過去に活用させましょう。

devoir	**pouvoir**	**vouloir**

4
EXERCICE　［　］の動詞を条件法過去に活用させ、文を訳しましょう。

1. Vous ＿＿＿＿＿＿＿＿ appeler la police. ［devoir］

2. Ils ＿＿＿＿＿＿＿＿ me demander mon numéro de téléphone. ［pouvoir］

3. Nous ＿＿＿＿＿＿＿＿ aller manger des ramens à Fukuoka. ［vouloir］

4. J' ＿＿＿＿＿＿＿＿ faire quelque chose pour lui. ［pouvoir］

ACTIVITÉ 1 何と書いてありますか？

1.

2.

3.

La question de la semaine

Pourriez-vous vivre sans votre téléphone portable?

ACTIVITÉ 2 条件法現在を使って、あなた自身の答えを書きましょう。

1. Qu'est-ce que vous voudriez faire pendant les vacances de printemps ?

2. Vous voudriez aller voir un film ce week-end ?

3. Qu'est-ce que vous aimeriez faire après vos études à l'université ?

4. J'aimerais bien avoir une grande maison à l'avenir. Et vous ?

ACTIVITÉ 3　Activité 2 の文を使って、周囲の人と会話しましょう。

ACTIVITÉ 4　例にならい、**pouvoir** または **devoir** の条件法過去を用いて、今あなたが後悔していることを 3 つ書きましょう。

ex. J'aurais pu acheter une voiture.

　　Je n'aurais pas dû manger trop hier soir.

1. ....

2. ....

3. ....

ACTIVITÉ 5　例にならい、**pouvoir** または **devoir** の条件法を用いて、身近な人に対する苦情を 3 つ書きましょう。

ex. Takuya devrait me téléphoner tout de suite.

　　Charlotte aurait pu m'attendre encore un peu.

1. ....

2. ....

3. ....

ACTIVITÉ 6　音声を聞いて .... を埋め、文を訳しましょう。　🎧 137

1. J' .... bien aller en France cet été mais je n'ai pas d'argent.

2. Nous .... vous inviter ce week-end.

3. Ma sœur .... faire attention. Elle .... sortir toute seule hier.

   Elle .... avoir des problèmes, mais heureusement, tout s'est bien passé.

4. Lisa :　Tu .... aller acheter du lait, s'il te plaît ? Il n'y en a plus*.

   *ne... plus：もう…ない

   Marc :　J' .... bien, mais il y a une émission intéressante à la télévision...

   Lisa :　Je savais bien que j' .... demander à quelqu'un d'autre !

Leçon 19 En mangeant...

食事をしながら……

> **LES PHRASES-CLÉS**
>
> Je connais ce monsieur parlant avec Julie.
>
> Il fait ses devoirs en mangeant un sandwich.
>
> En partant à 6 heures, nous arriverons à midi.
>
> Tout en étant pauvre, il est très heureux.

1 現在分詞

現在分詞は各動詞の直説法現在 **nous** の活用語尾 **ons** を **ant** に変えて作ります。

parler : parl<u>ant</u> （← parl<u>ons</u>）   faire : fais<u>ant</u> （← fais<u>ons</u>）

avoir, être, savoir は独自の形を持っています。

avoir : ayant   être : étant   savoir : sachant

現在分詞は形容詞的に名詞や代名詞を修飾したり、英語の分詞構文のように原因や理由などを表します。
現在分詞を用いたこれらの構文は、小説などの書き言葉で使われます。

Le monsieur ***parlant*** avec Julie est notre professeur.

Étant sympathique, il a beaucoup d'amis.

EXERCICE 1 現在分詞を書きましょう。

1. chanter ➡ ....   2. manger ➡ ....

3. sortir ➡ ....   4. tenir ➡ ....

5. prendre ➡ ....   6. pouvoir ➡ ....

7. aller ➡ ....   8. connaître ➡ ....

9. boire ➡ ....   10. finir ➡ ....

EXERCICE 2 現在分詞に注意して、訳しましょう。

1. La dame prenant un café à côté de Sylvie est une actrice très connue en France.

2. Ce magasin cherche un vendeur sachant parler couramment l'espagnol.

3. Ayant la nationalité française, elle pourra trouver du travail plus* facilement.

   *plus : より〜（比較級→ p.90）

4. Ne pouvant pas partir, j'ai annulé mon billet de train.

2 ジェロンディフ

〈**前置詞 en** ＋ **現在分詞**〉の組み合わせを**ジェロンディフ**と呼びます。同時性、原因・理由、手段、条件・仮定、対立・譲歩など、文脈や前後関係などによってさまざまな意味で用いられます。ジェロンディフは書き言葉でも話し言葉でも使われます。

> Elle lit* *en mangeant*.　　　*lit < lire
>
> *En partant* à 6 heures, nous sommes arrivés à l'heure.
>
> Tout* *en étant* pauvres, ils sont très heureux.
>
> ＊対立や譲歩、同時性の意味を強調する際に tout が付くことがあります。

lire (　　　　) 過去分詞 :	
je lis	nous lisons
tu lis	vous lisez
il / elle lit	ils / elles lisent

EXERCICE 3 ジェロンディフに注意して、訳しましょう。

1. En sortant de la maison, j'ai rencontré notre voisin.

2. Elle regardait dehors en tenant un chat dans ses bras.

3. Tout en levant la tête, il m'a demandé ce qui se passait.

4. En me faisant confiance, vous gagnerez beaucoup d'argent !

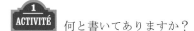

ACTIVITÉ 1 何と書いてありますか？

1.

je ferme les yeux,
la peau de mon
doigt m'indique
si l'eau est froide
ou chaude

eau chaude ?　　eau froide ?

en fermant les
yeux, apprenez
à reconnaître la
forme de ces objets

2.

Vous aimez les oiseaux, ne les nourrissez pas!

• En les nourrissant vous les rendez dépendants.

3.

PARIS AGIT CONTRE LA POLLUTION

**PARIS AGIT POUR
UNE MEILLEURE QUALITÉ DE L'AIR**
en aidant les taxis
à acquérir des véhicules écologiques

Une subvention aidera les taxis parisiens
à acquérir un véhicule hybride ou électrique

Le montant de la subvention
est fixé à 20% du prix du véhicule

meilleur(e)：bon の比較級（→ p.90）

ACTIVITÉ 2 音声を聞き、[　　]の動詞を現在分詞またはジェロンディフにし、文を訳しましょう。 142

1. J'ai vu Charlotte ＿＿＿＿＿＿＿＿＿＿＿ la rue. [traverser]

2. J'ai vu Charlotte ＿＿＿＿＿＿＿＿＿＿＿ dans la rue. [marcher]

3. Nous cherchons une guide ＿＿＿＿＿＿＿＿＿＿＿ très bien la ville. [connaître]

4. ＿＿＿＿＿＿＿＿＿＿＿ un taxi, vous auriez pu arriver à l'heure. [prendre]

ACTIVITÉ 3 指示された文に、「〜しながら」という意味の文を続けましょう。ジェロンディフを使いましょう。

1. Je fais mes devoirs ＿＿＿＿＿＿＿＿＿＿＿＿＿＿＿＿＿＿＿＿＿＿＿＿＿

2. Les gens prennent le train ＿＿＿＿＿＿＿＿＿＿＿＿＿＿＿＿＿＿＿＿＿

3. Nous dînons ＿＿＿＿＿＿＿＿＿＿＿＿＿＿＿＿＿＿＿＿＿＿＿＿＿＿＿＿＿

4. Il boit du café ＿＿＿＿＿＿＿＿＿＿＿＿＿＿＿＿＿＿＿＿＿＿＿＿＿＿＿

ACTIVITÉ 4 現在分詞とジェロンディフに下線を引き、訳しましょう。 143

Fabien est quelqu'un de très sérieux, aimant beaucoup lire et regarder des documentaires à la télévision. A midi, il va au parc pour lire un roman en prenant son déjeuner. Étant étudiant en littérature française, il lit beaucoup de romans, mais il s'intéresse aussi à la philosophie : il aime par exemple beaucoup Kant et Descartes. Fabien apprécie également la musique : il va souvent au club de jazz. Il aime bien prendre un verre avec ses amis en écoutant son groupe favori.

＿＿＿＿＿＿＿＿＿＿＿＿＿＿＿＿＿＿＿＿＿＿＿＿＿＿＿＿＿＿＿＿＿＿＿＿＿＿＿

＿＿＿＿＿＿＿＿＿＿＿＿＿＿＿＿＿＿＿＿＿＿＿＿＿＿＿＿＿＿＿＿＿＿＿＿＿＿＿

＿＿＿＿＿＿＿＿＿＿＿＿＿＿＿＿＿＿＿＿＿＿＿＿＿＿＿＿＿＿＿＿＿＿＿＿＿＿＿

＿＿＿＿＿＿＿＿＿＿＿＿＿＿＿＿＿＿＿＿＿＿＿＿＿＿＿＿＿＿＿＿＿＿＿＿＿＿＿

＿＿＿＿＿＿＿＿＿＿＿＿＿＿＿＿＿＿＿＿＿＿＿＿＿＿＿＿＿＿＿＿＿＿＿＿＿＿＿

＿＿＿＿＿＿＿＿＿＿＿＿＿＿＿＿＿＿＿＿＿＿＿＿＿＿＿＿＿＿＿＿＿＿＿＿＿＿＿

Leçon
20 Il faut que je parle à Monsieur Tanaka.

田中氏と話さなければ

LES PHRASES-CLÉS

Il faut que je parle tout de suite à Monsieur Tanaka.

Elle veut qu'il aille à la banque.
Mais je ne pense pas qu'il soit serviable.

Vincent, j'aimerais que tu fasses les courses en rentrant.

Nous sommes contents que vous veniez chez nous.

---

1 接続法現在

主節が義務、願望、感情、不確実なことを表す場合、que によって導かれる従属節の中で用いられる活用形です。活用語尾は avoir と être 以外、全動詞共通です。

接続法現在の形

直説法現在 ils の活用から 語尾の ent を取り除いた部分	直説法現在 nous の活用から 語尾の ons を取り除いた部分
+	**+**

je (j')	- e	il / elle	- e	nous	- ions
tu	- es	ils / elles	- ent	vous	- iez

parler (parlent, parlons)		**venir** (viennent, venons)	
je parle	nous parlions	je vienne	nous venions
tu parles	vous parliez	tu viennes	vous veniez
il / elle parle	ils / elles parlent	il / elle vienne	ils / elles viennent

義 務： Il* faut que je *parle* à Monsieur Tanaka.

願 望： Je veux qu'il *vienne* à la soirée demain.

感 情： Elle est contente que tu *viennes* à la soirée.

不確実： Il* est possible qu'elle ne *vienne* pas à la soirée.   *il：非人称主語

※その他、特定の接続表現（pour que, bien que など）のあとでも用いられます。

EXERCICE 1 接続法現在に活用させましょう。 146

| travailler | partir | se coucher |

EXERCICE 2 [　]の動詞を接続法現在に活用させ、文を訳しましょう。

1. Il faut que Luc ＿＿＿＿＿ à 5 heures demain matin. [partir]

2. J'aimerais que vous me ＿＿＿＿＿ tout de suite. [téléphoner]

3. Il* est nécessaire que les enfants ＿＿＿＿＿ avant 9 heures. [se coucher] *il：非人称主語

4. Je ne pense pas qu'elle me ＿＿＿＿＿ . [connaître]

2 接続法現在で独自の語幹を持つ動詞 147

| aller : | j'aille, nous allions | faire : | je fasse, nous fassions | |
| pouvoir : | je puisse, nous puissions | savoir : | je sache, nous sachions | など。 |

その他、**avoir** と **être** は接続法現在で独自の活用をします。

avoir		être	
j' aie	nous ayons	je sois	nous soyons
tu aies	vous ayez	tu sois	vous soyez
il / elle ait	ils / elles aient	il / elle soit	ils / elles soient

EXERCICE 3 接続法現在に活用させましょう。 148

| aller | faire |

EXERCICE 4 [　]の動詞を接続法現在に活用させ、文を訳しましょう。

1. Tu veux que je ＿＿＿＿＿ les courses en rentrant ? [faire]

2. Il* est normal qu'elle ＿＿＿＿＿ en colère contre lui. [être] *il：非人称主語

3. Nous souhaitons que vous ＿＿＿＿＿ bien ce qui se passe. [savoir]

4. Je suis très content qu'ils ＿＿＿＿＿ venir au Japon cette année. [pouvoir]

1.

Anna Gavalda
Je voudrais
que quelqu'un
m'attende
quelque part

2.

Tous mobilisés
pour que vous soyez
joyeux à Noël.

simplifier la vie

 ACTIVITÉ 2 接続法現在を使い、あなた自身について、文の続きを自由に書きましょう。それぞれ異なる動詞を使いましょう。

1. Après les cours, il faut que je

2. Ce soir, il faut que je

3. Demain, il faut que je

4. Ce week-end, il faut que je

5. Pendant les vacances de printemps, il faut que je

3 **ACTIVITÉ** Activité 2 で書いた文を使い、例にならって周囲の人と会話しましょう。

ex. Après les cours, qu'est-ce qu'il faut que tu fasses ?

Après les cours, il faut que je rentre à la maison. Et toi ?

4 **ACTIVITÉ** 例にならい、家族や友人にしてもらいたいことを 3 つ作文しましょう。それぞれ異なる動詞を使いましょう。

ex. Je veux que mon frère soit gentil avec moi.

1. ....

2. ....

3. ....

5 **ACTIVITÉ** 音声を聞いて............を埋め、文を訳しましょう。 🎧149

1. Il faut que tu .... à la banque.

2. Il faut que je vous .... tout de suite, c'est très urgent.

3. J'aimerais qu'il .... encore un peu plus.

4. Il est nécessaire que vous .... des efforts si vous voulez réussir.

5. Vous ne voulez pas que nous .... demain ?

6 **ACTIVITÉ** 接続法現在に下線を引き、訳しましょう。 🎧150

La mère de Sophie aimerait bien que sa fille soit un peu plus serviable. Elle voudrait que Sophie fasse le ménage, lave la vaisselle ou qu'elle aille de temps en temps faire les courses.

....

....

....

....

綴りと発音：基本はローマ字読み

発音しない文字

1.	**h** は発音しない。	**habiter** 住む アビテ	**hôpital** 病院 オピタル	
	注) 有音の **h** (**h aspiré**)：**h** には一部「有音の **h**」(辞書で†の印の付いたもの) がある。発音はしないが、 子音字扱いとなるのでリエゾンやアンシェヌマンなどがない。			
2.	語末の **e** は発音しない。	**la Seine** セーヌ川 ラ セヌ	**elle** 彼女 エル	
3.	語末の子音字は発音しない。	**Paris** パリ パリ	**lait** 牛乳 レ	
	注) **c, f, l, r** は単語によって発音することもある。	**bonjour** こんにちは ボンジュール	**il** 彼 イル	

母音字

4.	**é, è, ê**	[e] [ɛ]	［エ］	**écouter** 聞く エクテ	**frère** 兄弟 フレール	
5.	**e** が子音字に挟まれるとき	［エ］	**les** 定冠詞 レ	**restaurant** レストラン レストラン		
	注) 子音字＋ **e** ＋子音字＋母音字のときには発音しない。		**semaine** 週 スメヌ			
6.	**u, û**	[y]	［ユ］	**musique** 音楽 ミュジク	**mûre** ブラックベリー ミュール	
	※「イ」のように舌先を下歯の裏に付けたまま「ウ」と唇を丸めて突き出す。					
7.	**ai, ei**	[ɛ]	［エ］	**aimer** 好き エメ	**treize** 13 トレズ	
8.	**au, eau**	[o]	［オ］	**au revoir** さようなら オ ルヴォワール	**eau** 水 オ	
9.	**ou, où**	[u]	［ウ］	**vous** あなた (方) ヴ	**où** どこ ウ	
	※日本語の「ウ」より唇を丸めて突き出す。					
10.	**oi**	[wa]	［ワ］	**moi** 私 ムワ	**voiture** 車 ヴワチュール	
11.	**eu, œu**	[ø] [œ]	［ウ］	**heureux** 幸せな ウル	**sœur** 姉妹 スール	
	※「オ」と「エ」を合成した音。唇を「オ」の形にして「エ」を発音する。					

鼻母音字

12.	**an, am, en, em**	[ɑ̃]	［ア(オ)ン］	**chanter** 歌う シャ (ショ) ンテ	**employé** 従業員 アン (オン) プロワイエ
	※「オ」に近い「ア」を鼻から息を抜きながら発音。最後に口を閉じない。				
13.	**ain, aim, ein** **(i)en, (i)em, in, im** **un, um, yn, ym**	[ɛ̃]	［エ (ア)ン］	**intéressant** 面白い エ (ア)ンテレサン	**bien** 上手に ビエ (ア)ン
	※「ア」に近い「エ」を鼻から息を抜きながら発音。最後に口を閉じない。				
14.	**on, om**	[ɔ̃]	［オン］	**mon** 私の モン	**ombre** 陰 オンブル
	※「オ」を鼻から息を抜きながら発音。最後に口を閉じない。				

子音字

15. c：e, i, y の前	[s]	［ス］	ce　この ス	merci　ありがとう メルシ	
それ以外	[k]	［ク］	café　コーヒー カフェ	beaucoup　たくさんの ボク	
16. ç	[s]	［ス］	français　フランス人（語） フランセ	ça　それ サ	
17. g：e, i, y の前	[ʒ]	［ジュ］	manger　食べる マンジェ	gilet　ジレ ジレ	
それ以外	[g]	［グ］	gâteau　焼き菓子 ガト	gourmet　食通 グルメ	
18. s：母音字に挟まれるとき	[z]	［ズ］	maison　家 メゾン	poison　毒 ブワゾン	
それ以外	[s]	［ス］	sac　カバン サック	poisson　魚 ブワソン	
19. 母音字 ＋ il(l)	[j]	［イユ］	travail　仕事 トラヴァイユ	soleil　太陽 ソレイユ	
20. 子音字 ＋ il(l)	[ij] [il]	［イユ］［イル］	fille　娘 フィユ	ville　町 ヴィル	
21. ch	[ʃ]	［シュ］	chanson　歌 シャンソン	dimanche　日曜日 ディマンシュ	
22. gn	[ɲ]	［ニュ］	espagnol　スペイン人（語） エスパニョル	montagne　山 モンタニュ	
23. ph	[f]	［フ］	photo　写真 フォト	alphabet　アルファベット アルファベ	
24. qu	[k]	［ク］	quatre　4 カトル	bouquet　花束 ブケ	
25. th	[t]	［トゥ］	thé　お茶 テ	théâtre　劇場 テアトル	

その他

26. リエゾン 　（liaison）	本来発音されない語末の子音を次の語の始めの母音とつなげて発音する。	
	mes amis　私の友人 メ　ザミ	vous habitez　あなたは住む ヴ　ザビテ
27. アンシェヌマン 　（enchaînement）	発音される語末の子音を次の語の始めの母音とつなげて発音する。	
	dix-huit ans　18歳 ディ　ジュイ タン	il habite　彼は住む イ ラビト
28. エリジオン	je, ne, de, la, me など一部の語は、母音または無音の h で始まる語の前では語末の母音字が省略され、アポストロフでつながれる。	
（élision）	j'ai　私は持つ ジェ	il m'a dit　彼は私に言った イル マ　ディ

Appendice

補遺

1 主語代名詞 on

「人々」「私たち」などの意味を持つ主語代名詞です。動詞は常に il / elle と同じ活用形を用います。

On parle français en France.　　フランスではフランス語が話されている（←人々はフランス語を話す）。

On va au restaurant ce soir ?　　私たち、今晩レストランに行きましょうか？

2 比較級

優等比較「〜より…だ」	plus	
同等比較「〜と同じくらい…だ」	aussi	形容詞または副詞　que 〜
劣等比較「〜ほど…でない」	moins	

形容詞は常に意味のかかる名詞と性・数一致します。

Marie est **plus** grande **que** moi.　　　　　Marie parle **plus** vite **que** moi.

Marie est **aussi** grande **que** moi.　　　　　Marie parle **aussi** vite **que** moi.

Marie est **moins** grande **que** moi.　　　　　Marie parle **moins** vite **que** moi.

マリーは私より（同じくらい / ほど）背が高い（くない）。　　マリーは私より（同じくらい / ほど）早口だ（ではない）。

形容詞 bon(ne)(s) と副詞 bien は独自の**優等比較形** meilleur(e)(s), mieux を持ちます。plus bon(ne)(s), plus bien とはなりません。

Cette tarte est **meilleure que** ce gâteau.　　　Marie chante **mieux que** moi.

このタルトはこのケーキよりおいしい。　　　　　マリーは私より歌が上手だ。

3 最上級

「〜のうちで最も…だ」　定冠詞 (le, la, les) ＋ 優等比較 plus または劣等比較 moins …　de 〜

形容詞の最上級では意味のかかる名詞の性数に合わせて定冠詞 le, la, les を、副詞の最上級では常に le を用います。

Marie est **la moins** grande **de** sa famille.　　マリーは家族の中で最も背が高くない。

Cette tarte est **la meilleure de** ce quartier.　　このタルトはこの界隈で最もおいしい。

Marie est la fille qui parle **le plus** vite **de** la classe.　　マリーはクラスで最も早口な女の子だ。

Marie est la fille qui chante **le moins** bien **de** la classe.　　マリーはクラスで最も歌が上手くない女の子だ。

4 中性代名詞 le

属詞、動詞、前文、文脈などを受ける代名詞です。受ける要素の性・数などを考慮する必要はありません。

Vous êtes étudiants ? Oui, nous *le* sommes. （属詞）

あなた方は学生ですか？　　はい、そうです。

Il veut partir en vacances ? Oui, il *le* veut vraiment. （動詞）

彼はヴァカンスに出かけたがっているの？　まさにそう望んでいるよ。

Tu sais qu'il s'est marié avec Nathalie ? Ah, je ne *le* savais pas. （前文）

彼がナタリーと結婚したって知ってる？　ああ、知らなかったよ。

5 関係代名詞 où, dont

où ： 先行詞が後続する文の中で場所や時を表す要素であるとき

Je connais le café *où* il travaille. 私は彼が働くカフェを知っている。（場所）

(Je connais le café. / Il travaille dans ce café.)

Je me souviens du jour *où* nous nous sommes rencontrés. 私は私たちが出会った日を覚えている。（時）

(Je me souviens du jour. / Nous nous sommes rencontrés ce jour-là.)

dont： 先行詞が後続する文の中で前置詞 de のあとに現れる要素であるとき

Voilà le livre *dont* vous avez besoin. ほら、あなたが必要としている本ですよ。

(Voilà le livre. / Vous avez besoin de ce livre.)

J'ai un ami *dont* le père est français. 父親がフランス人である友人がいる。

(J'ai un ami. / Le père de cet ami est français.)

6 直説法大過去

過去のある時点を基準に、それまでに完了している出来事や行為、完了状態を表します。avoir / être の選択は直説法複合過去の場合と同じです。être を用いる際には過去分詞は主語と性・数一致します。

> **直説法大過去の形**
> ① avoir の半過去＋過去分詞　② être の半過去＋過去分詞

Quand il est arrivé à la gare, le train *était* déjà *parti*. 彼が駅に着いたとき、電車はもう出発していた。

7 直説法前未来

未来のある時点を基準に、それまでに完了しているであろうことを表します。avoir / être の選択は直説法複合過去の場合と同じです。être を用いる際には過去分詞は主語と性・数一致します。

> **直説法前未来の形**
> ① avoir の単純未来＋過去分詞　② être の単純未来＋過去分詞

Quand il arrivera à la gare, le train *sera* déjà *parti*. 彼が駅に着く頃には、電車はもう出発しているだろう。

❽ 接続法過去

主節が義務、願望、感情、不確実なことを表す場合、**que** によって導かれる従属節の中で用いられます。接続法過去は完了事項（過去・未来完了）を表します。**avoir / être** の選択は直説法複合過去の場合と同じです。**être** を用いる際には過去分詞は主語と性・数一致します。

> **接続法過去の形**
> ① avoir の接続法現在＋過去分詞　② être の接続法現在＋過去分詞

Il faut que Marie **soit arrivée** chez son père à midi.

マリーは **12** 時には父の家に到着しておかなければならない。（**12** 時までに到着）

❾ 受動態

能動態の直接目的語を主語にして（間接目的語を主語にすることはできません）受け身文を作ります。**être** を使いますから、過去分詞は主語と性・数一致します。**être** の時制によって、現在・過去・未来の受け身文になります。

> 「～によって…される（された / されるだろう）」 主語　être ＋ 過去分詞　par ～

Cette chanson **est chantée par** ce chanteur.　この歌はあの歌手によって歌われている。（現在）

Cette chanson **a été chantée par** ce chanteur.　この歌はあの歌手によって歌われた。（過去）

Cette chanson **sera chantée par** ce chanteur.　この歌はあの歌手によって歌われるだろう。（未来）

感情や状態を表す受け身文では「～によって」の部分は **de** ～となります。

Ce professeur est respecté de tous les étudiants.　この教師はすべての学生に尊敬されている。

❿ 過去分詞の性・数一致 （1）

avoir ＋過去分詞の構文（直説法複合過去、直説法大過去、直説法前未来、条件法過去、接続法過去）では、動詞の前に置かれた直接目的語と過去分詞が性・数一致します。

Vous avez vu mes filles ?　– Oui, je les ai **vues** en sortant de l'école.

私の娘たちに会いましたか？　はい、学校を出るときに彼女たちに会いました。

Elle a perdu les livres que je lui avais **prêtés**.

彼女は私が貸した本をなくした。

⑪ 過去分詞の性・数一致（2）

代名動詞の直説法複合過去（直説法大過去、直説法前未来、条件法過去、接続法過去）は、過去分詞が常に主語と性・数一致するわけではなく、**se** が直接目的語にあたる場合のみ過去分詞の性・数一致があります。

Elle s'est *lavée*. (性・数一致あり)
　　　　直接目的語

彼女は体を洗った。

Ils se sont regardés. (性・数一致あり)
直接目的語（← A regarder B）

彼らは互いを見た。

Elle s'est *lavé* les mains. (性・数一致なし)
　　　　間接目的語　　直接目的語

彼女は手を洗った。

Ils se sont téléphoné. (性・数一致なし)
間接目的語（← A téléphoner à B）

彼らは互いに電話した。

⑫ 過去分詞の形容詞的用法

現在分詞（→ Leçon 19）と同様、過去分詞にも形容詞的用法があります。形容詞的に用いられる過去分詞は意味のかかる名詞と性・数一致します。

Il y a deux bougies *allumées* sur la petite table. (bougies と性・数一致)

小さなテーブルの上に2本の火のついたろうそくがある。

Les poussins traversent la rue, *précédés* par la mère poule. (poussins と性・数一致)

母鶏に先導されて、ひよこたちが道を渡っている。

著者

伊勢 晃（いせ あきら）

谷口 千賀子（たにぐち ちかこ）

バンジャマン・サラニョン（Benjamin SALAGNON）

ケスクセ？ ［改訂版］

2020 年 2 月 10 日　第 1 刷発行
2023 年 3 月 10 日　第 2 刷発行

著　者© 伊　勢　　　晃
　　　　谷　口　千　賀　子
　　　　バンジャマン・サラニョン
発行者　岩　堀　雅　己
印刷所　株 式 会 社 梨 本 印 刷

〒101-0052 東京都千代田区神田小川町 3 の 24
発行所　電話 03-3291-7811（営業部），7821（編集部）　株式会社白水社
　　　　www.hakusuisha.co.jp
　　　　乱丁・落丁本は送料小社負担にてお取り替えいたします。

振替　00190-5-33228　　　Printed in Japan　　　誠製本株式会社

ISBN978-4-560-06137-4

ディコ仏和辞典 （新装版）

中條屋 進／丸山義博／G.メランベルジェ／吉川一義 [編]

定評ある学習辞典. 語数35000. カナ発音付.和仏も充実.　　（2色刷）B 6変型 1817頁 定価4070円（本体3700円）

パスポート初級仏和辞典 （第3版）

内藤陽哉／玉田健二／C.レヴィ アルヴァレス [編]
超ビギナー向け，いたれりつくせりの入門辞典. 語数 5000. カナ発音付. カット多数.　　　（2色刷）
B 6判 364頁 定価2860円（本体 2600円）【シングルCD付】

パスポート仏和・和仏小辞典 第2版

内藤陽哉／玉田健二／C.レヴィ アルヴァレス [編]
語数仏和 20000＋和仏 8000. カナ発音付.
（2色刷）B 小型 701頁 定価2750円（本体 2500円）

入門／文法

ニューエクスプレスプラス フランス語

東郷雄二 [著]　　　　　　　　　　　【CD付】
（2色刷）A 5判 159頁 定価2090円（本体 1900円）

フラ語入門、わかりやすいにもホドがある！ [改訂新版]　　　【CD付】

清岡智比古 [著]　楽しく学べる入門書.
（2色刷）A 5判 197頁 定価1760円（本体 1600円）

フランス語のABC [新版]　【音声アプリあり】

数江譲治 [著]　一生モノのリファレンス.
（2色刷）四六判 274頁 定価2420円（本体2200円）

アクション！ フランス語 A1

根木昭英／野澤 督／G. ヴェスィエール [著]
ヨーロッパスタンダード.　　　【音声ダウンロードあり】
（2色刷）A 5判 151頁 定価2420円（本体2200円）

みんなの疑問に答える つぶやきのフランス語文法

田中善英 [著]　　　フランス語学習を徹底サポート.
（2色刷）A 5判 273頁 定価2860円（本体 2600円）

発音／リスニング

声に出すフランス語 即答練習ドリル初級編　　　【音声ダウンロードあり】

高岡優希／ジャン=ノエル・ポレ／富本ジャニナ [著]
1200 の即答練習で反射神経を鍛える！
A 5判 122頁 定価2420円（本体2200円）

やさしくはじめるフランス語リスニング

大塚陽子／佐藤クリスティーヌ [著]
リスニングのはじめの一歩を.　　　【音声アプリあり】
（一部2色刷）A 5判 117頁 定価2310円（本体 2100円）

サクサク話せる！ フランス語会話

フローラン・ジレル・ボニニ [著]【音声アプリあり】
キーフレーズで表現の型を知る.
A 5判 146頁 定価2530円（本体 2300円）

問題集

フラ語問題集、なんか楽しいかも！

清岡智比古 [著]　　　　　【音声ダウンロードあり】
（2色刷）A 5判 218頁 定価2090円（本体 1900円）

1日5題文法ドリル つぶやきのフランス語

田中善英 [著]　日常生活で使える 1500 題.
四六判 247頁 定価2090円（本体1900円）

15日間フランス文法おさらい帳 [改訂版]

中村敦子 [著]　ドリル式で苦手項目を克服！
A 5判 163頁 定価1980円（本体 1800円）

仏検対策 5級問題集 三訂版　　　【CD付】

小倉博史／モーリス・ジャケ／舟杉真一 [編著]
A 5判 127頁 定価1980円（本体 1800円）

仏検対策 4級問題集 三訂版　　　【CD付】

小倉博史／モーリス・ジャケ／舟杉真一 [編著]
A 5判 147頁 定価2090円（本体 1900円）

単語集／熟語集

フラ語入門、ボキャブラ、単語王とはおこがましい！ [増補新版]

清岡智比古 [著]　　　　　【音声ダウンロードあり】
（2色刷）A 5判 263頁 定価2090円（本体 1900円）

《仏検》3・4級必須単語集 （新装版）【CD付】

久松健一 [著]　基礎語彙力養成にも最適！
四六判 234頁 定価1760円（本体 1600円）

DELF A2 対応　　　　　【音声ダウンロードあり】フランス語単語トレーニング

モーリス・ジャケ／舟杉真一／服部悦子 [著]
四六判 203頁 定価2640円（本体 2400円）

DELF B1・B2 対応　　　　【音声ダウンロードあり】フランス語単語トレーニング

モーリス・ジャケ／舟杉真一／服部悦子 [著]
四六判 202頁 定価2860円（本体 2600円）

動詞活用

フランス語動詞完全攻略ドリル

岩根 久／渡辺貴規子 [著] 1500問をコツコツこなす.
A 5判 189頁 定価2200円（本体2000円）

徹底整理 フランス語動詞活用 55

高橋信良／久保田剛史 [著]　【音声ダウンロードあり】
（2色刷）A 5判 134頁 定価1980円（本体1800円）

動 詞 活 用 表

1 avoir
2 être
3 aimer
4 finir
5 acheter
6 aller
7 appeler
8 asseoir
9 battre
10 boire
11 conduire
12 connaître
13 courir
14 craindre
15 croire
16 devoir
17 dire

18 écrire
19 employer
20 envoyer
21 faire
22 falloir
23 fuir
24 lire
25 manger
26 mettre
27 mourir
28 naître
29 ouvrir
30 partir
31 payer
32 placer
33 plaire
34 pleuvoir

35 pouvoir
36 préférer
37 prendre
38 recevoir
39 rendre
40 résoudre
41 rire
42 savoir
43 suffire
44 suivre
45 vaincre
46 valoir
47 venir
48 vivre
49 voir
50 vouloir

不定法	直　説　法			

① avoir

現在分詞
ayant

過去分詞
eu [y]

現　在	半　過　去	単純過去	単純未来
j'　ai [e]	j'　avais	j'　eus [y]	j'　aurai
tu　as	tu　avais	tu　eus	tu　auras
il　a	il　avait	il　eut	il　aura
nous avons	nous avions	nous eûmes	nous aurons
vous avez	vous aviez	vous eûtes	vous aurez
ils　ont	ils　avaient	ils　eurent	ils　auront

複合過去	大　過　去	前　過　去	前　未　来
j'　ai　eu	j'　avais　eu	j'　eus　eu	j'　aurai eu
tu　as　eu	tu　avais　eu	tu　eus　eu	tu　auras eu
il　a　eu	il　avait　eu	il　eut　eu	il　aura eu
nous avons eu	nous avions eu	nous eûmes eu	nous aurons eu
vous avez eu	vous aviez eu	vous eûtes eu	vous aurez eu
ils　ont　eu	ils　avaient eu	ils　eurent eu	ils　auront eu

② être

現在分詞
étant

過去分詞
été

現　在	半　過　去	単純過去	単純未来
je　suis	j'　étais	je　fus	je　serai
tu　es	tu　étais	tu　fus	tu　seras
il　est	il　était	il　fut	il　sera
nous sommes	nous étions	nous fûmes	nous serons
vous êtes	vous étiez	vous fûtes	vous serez
ils　sont	ils　étaient	ils　furent	ils　seront

複合過去	大　過　去	前　過　去	前　未　来
j'　ai　été	j'　avais　été	j'　eus　été	j'　aurai　été
tu　as　été	tu　avais　été	tu　eus　été	tu　auras　été
il　a　été	il　avait　été	il　eut　été	il　aura　été
nous avons été	nous avions été	nous eûmes été	nous aurons été
vous avez été	vous aviez été	vous eûtes été	vous aurez été
ils　ont　été	ils　avaient été	ils　eurent été	ils　auront été

③ aimer

現在分詞
aimant

過去分詞
aimé

第1群
規則動詞

現　在	半　過　去	単純過去	単純未来
j'　aime	j'　aimais	j'　aimai	j'　aimerai
tu　aimes	tu　aimais	tu　aimas	tu　aimeras
il　aime	il　aimait	il　aima	il　aimera
nous aimons	nous aimions	nous aimâmes	nous aimerons
vous aimez	vous aimiez	vous aimâtes	vous aimerez
ils　aiment	ils　aimaient	ils　aimèrent	ils　aimeront

複合過去	大　過　去	前　過　去	前　未　来
j'　ai　aimé	j'　avais　aimé	j'　eus　aimé	j'　aurai　aimé
tu　as　aimé	tu　avais　aimé	tu　eus　aimé	tu　auras　aimé
il　a　aimé	il　avait　aimé	il　eut　aimé	il　aura　aimé
nous avons aimé	nous avions aimé	nous eûmes aimé	nous aurons aimé
vous avez aimé	vous aviez aimé	vous eûtes aimé	vous aurez aimé
ils　ont　aimé	ils　avaient aimé	ils　eurent aimé	ils　auront aimé

④ finir

現在分詞
finissant

過去分詞
fini

第2群
規則動詞

現　在	半　過　去	単純過去	単純未来
je　finis	je　finissais	je　finis	je　finirai
tu　finis	tu　finissais	tu　finis	tu　finiras
il　finit	il　finissait	il　finit	il　finira
nous finissons	nous finissions	nous finîmes	nous finirons
vous finissez	vous finissiez	vous finîtes	vous finirez
ils　finissent	ils　finissaient	ils　finirent	ils　finiront

複合過去	大　過　去	前　過　去	前　未　来
j'　ai　fini	j'　avais　fini	j'　eus　fini	j'　aurai　fini
tu　as　fini	tu　avais　fini	tu　eus　fini	tu　auras　fini
il　a　fini	il　avait　fini	il　eut　fini	il　aura　fini
nous avons fini	nous avions fini	nous eûmes fini	nous aurons fini
vous avez fini	vous aviez fini	vous eûtes fini	vous aurez fini
ils　ont　fini	ils　avaient fini	ils　eurent fini	ils　auront fini

条 件 法	接 続 法		命 令 法

現 在	現 在	半 過 去	
j' aurais	j' aie [ɛ]	j' eusse	
tu aurais	tu aies	tu eusses	aie
il aurait	il ait	il eût	
nous aurions	nous ayons	nous eussions	ayons
vous auriez	vous ayez	vous eussiez	ayez
ils auraient	ils aient	ils eussent	

過 去	過 去	大 過 去	
j' aurais eu	j' aie eu	j' eusse eu	
tu aurais eu	tu aies eu	tu eusses eu	
il aurait eu	il ait eu	il eût eu	
nous aurions eu	nous ayons eu	nous eussions eu	
vous auriez eu	vous ayez eu	vous eussiez eu	
ils auraient eu	ils aient eu	ils eussent eu	

現 在	現 在	半 過 去	
je serais	je sois	je fusse	
tu serais	tu sois	tu fusses	sois
il serait	il soit	il fût	
nous serions	nous soyons	nous fussions	soyons
vous seriez	vous soyez	vous fussiez	soyez
ils seraient	ils soient	ils fussent	

過 去	過 去	大 過 去	
j' aurais été	j' aie été	j' eusse été	
tu aurais été	tu aies été	tu eusses été	
il aurait été	il ait été	il eût été	
nous aurions été	nous ayons été	nous eussions été	
vous auriez été	vous ayez été	vous eussiez été	
ils auraient été	ils aient été	ils eussent été	

現 在	現 在	半 過 去	
j' aimerais	j' aime	j' aimasse	
tu aimerais	tu aimes	tu aimasses	aime
il aimerait	il aime	il aimât	
nous aimerions	nous aimions	nous aimassions	aimons
vous aimeriez	vous aimiez	vous aimassiez	aimez
ils aimeraient	ils aiment	ils aimassent	

過 去	過 去	大 過 去	
j' aurais aimé	j' aie aimé	j' eusse aimé	
tu aurais aimé	tu aies aimé	tu eusses aimé	
il aurait aimé	il ait aimé	il eût aimé	
nous aurions aimé	nous ayons aimé	nous eussions aimé	
vous auriez aimé	vous ayez aimé	vous eussiez aimé	
ils auraient aimé	ils aient aimé	ils eussent aimé	

現 在	現 在	半 過 去	
je finirais	je finisse	je finisse	
tu finirais	tu finisses	tu finisses	finis
il finirait	il finisse	il finît	
nous finirions	nous finissions	nous finissions	finissons
vous finiriez	vous finissiez	vous finissiez	finissez
ils finiraient	ils finissent	ils finissent	

過 去	過 去	大 過 去	
j' aurais fini	j' aie fini	j' eusse fini	
tu aurais fini	tu aies fini	tu eusses fini	
il aurait fini	il ait fini	il eût fini	
nous aurions fini	nous ayons fini	nous eussions fini	
vous auriez fini	vous ayez fini	vous eussiez fini	
ils auraient fini	ils aient fini	ils eussent fini	

不定法 現在分詞 過去分詞	直　　説　　法			
	現　　在	半　過　去	単純過去	単純未来
⑤ **acheter** achetant acheté	j' achète tu achètes il achète n. achetons v. achetez ils achètent	j' achetais tu achetais il achetait n. achetions v. achetiez ils achetaient	j' achetai tu achetas il acheta n. achetâmes v. achetâtes ils achetèrent	j' achèterai tu achèteras il achètera n. achèterons v. achèterez ils achèteront
⑥ **aller** allant allé	je **vais** tu **vas** il **va** n. allons v. allez ils **vont**	j' allais tu allais il allait n. allions v. alliez ils allaient	j' allai tu allas il alla n. allâmes v. allâtes ils allèrent	j' irai tu iras il ira n. irons v. irez ils iront
⑦ **appeler** appelant appelé	j' appelle tu appelles il appelle n. appelons v. appelez ils appellent	j' appelais tu appelais il appelait n. appelions v. appeliez ils appelaient	j' appelai tu appelas il appela n. appelâmes v. appelâtes ils appelèrent	j' appellerai tu appelleras il appellera n. appellerons v. appellerez ils appelleront
⑧ **asseoir** asseyant (assoyant) assis	j' assieds [asje] tu assieds il assied n. asseyons v. asseyez ils asseyent .... j' assois tu assois il assoit n. assoyons v. assoyez ils assoient	j' asseyais tu asseyais il asseyait n. asseyions v. asseyiez ils asseyaient .... j' assoyais tu assoyais il assoyait n. assoyions v. assoyiez ils assoyaient	j' assis tu assis il assit n. assîmes v. assîtes ils assirent	j' assiérai tu assiéras il assiéra n. assiérons v. assiérez ils assiéront .... j' assoirai tu assoiras il assoira n. assoirons v. assoirez ils assoiront
⑨ **battre** battant battu	je bats tu bats il bat n. battons v. battez ils battent	je battais tu battais il battait n. battions v. battiez ils battaient	je battis tu battis il battit n. battîmes v. battîtes ils battirent	je battrai tu battras il battra n. battrons v. battrez ils battront
⑩ **boire** buvant bu	je bois tu bois il boit n. buvons v. buvez ils boivent	je buvais tu buvais il buvait n. buvions v. buviez ils buvaient	je bus tu bus il but n. bûmes v. bûtes ils burent	je boirai tu boiras il boira n. boirons v. boirez ils boiront
⑪ **conduire** conduisant conduit	je conduis tu conduis il conduit n. conduisons v. conduisez ils conduisent	je conduisais tu conduisais il conduisait n. conduisions v. conduisiez ils conduisaient	je conduisis tu conduisis il conduisit n. conduisîmes v. conduisîtes ils conduisirent	je conduirai tu conduiras il conduira n. conduirons v. conduirez ils conduiront

条 件 法	接 続 法		命 令 法	同 型
現　　在	現　　在	半　過　去		
j' achèterais tu achèterais il achèterait n. achèterions v. achèteriez ils achèteraient	j' achète tu achètes il achète n. achetions v. achetiez ils achètent	j' achetasse tu achetasses il achetât n. achetassions v. achetassiez ils achetassent	achète achetons achetez	achever lever mener promener soulever
j' irais tu irais il irait n. irions v. iriez ils iraient	j' **aille** tu **ailles** il **aille** n. allions v. alliez ils **aillent**	j' allasse tu allasses il allât n. allassions v. allassiez ils allassent	**va** allons allez	
j' appellerais tu appellerais il appellerait n. appellerions v. appelleriez ils appelleraient	j' appelle tu appelles il appelle n. appelions v. appeliez ils appellent	j' appelasse tu appelasses il appelât n. appelassions v. appelassiez ils appelassent	appelle appelons appelez	jeter rappeler
j' assiérais tu assiérais il assiérait n. assiérions v. assiériez ils assiéraient	j' asseye [asɛj] tu asseyes il asseye n. asseyions v. asseyiez ils asseyent	j' assisse tu assisses il assît n. assissions v. assissiez ils assissent	assieds asseyons asseyez	注 主として代名動詞s'asseoirで使われる.
j' assoirais tu assoirais il assoirait n. assoirions v. assoiriez ils assoiraient	j' assoie tu assoies il assoie n. assoyions v. assoyiez ils assoient		assois assoyons assoyez	
je battrais tu battrais il battrait n. battrions v. battriez ils battraient	je batte tu battes il batte n. battions v. battiez ils battent	je battisse tu battisses il battît n. battissions v. battissiez ils battissent	bats battons battez	abattre combattre
je boirais tu boirais il boirait n. boirions v. boiriez ils boiraient	je boive tu boives il boive n. buvions v. buviez ils boivent	je busse tu busses il bût n. bussions v. bussiez ils bussent	bois buvons buvez	
je conduirais tu conduirais il conduirait n. conduirions v. conduiriez ils conduiraient	je conduise tu conduises il conduise n. conduisions v. conduisiez ils conduisent	je conduisisse tu conduisisses il conduisît n. conduisissions v. conduisissiez ils conduisissent	conduis conduisons conduisez	construire détruire instruire introduire produire traduire

不定法 現在分詞 過去分詞	直　　説　　法			
	現　　在	半　過　去	単純過去	単純未来
⑫ **connaître**　connaissant　connu	je connais tu connais il connaît n. connaissons v. connaissez ils connaissent	je connaissais tu connaissais il connaissait n. connaissions v. connaissiez ils connaissaient	je connus tu connus il connut n. connûmes v. connûtes ils connurent	je connaîtrai tu connaîtras il connaîtra n. connaîtrons v. connaîtrez ils connaîtront
⑬ **courir**　courant　couru	je cours tu cours il court n. courons v. courez ils courent	je courais tu courais il courait n. courions v. couriez ils couraient	je courus tu courus il courut n. courûmes v. courûtes ils coururent	je courrai tu courras il courra n. courrons v. courrez ils courront
⑭ **craindre**　craignant　craint	je crains tu crains il craint n. craignons v. craignez ils craignent	je craignais tu craignais il craignait n. craignions v. craigniez ils craignaient	je craignis tu craignis il craignit n. craignîmes v. craignîtes ils craignirent	je craindrai tu craindras il craindra n. craindrons v. craindrez ils craindront
⑮ **croire**　croyant　cru	je crois tu crois il croit n. croyons v. croyez ils croient	je croyais tu croyais il croyait n. croyions v. croyiez ils croyaient	je crus tu crus il crut n. crûmes v. crûtes ils crurent	je croirai tu croiras il croira n. croirons v. croirez ils croiront
⑯ **devoir**　devant　dû, due, dus, dues	je dois tu dois il doit n. devons v. devez ils doivent	je devais tu devais il devait n. devions v. deviez ils devaient	je dus tu dus il dut n. dûmes v. dûtes ils durent	je devrai tu devras il devra n. devrons v. devrez ils devront
⑰ **dire**　disant　dit	je dis tu dis il dit n. disons v. **dites** ils disent	je disais tu disais il disait n. disions v. disiez ils disaient	je dis tu dis il dit n. dîmes v. dîtes ils dirent	je dirai tu diras il dira n. dirons v. direz ils diront
⑱ **écrire**　écrivant　écrit	j' écris tu écris il écrit n. écrivons v. écrivez ils écrivent	j' écrivais tu écrivais il écrivait n. écrivions v. écriviez ils écrivaient	j' écrivis tu écrivis il écrivit n. écrivîmes v. écrivîtes ils écrivirent	j' écrirai tu écriras il écrira n. écrirons v. écrirez ils écriront
⑲ **employer**　employant　employé	j' emploie tu emploies il emploie n. employons v. employez ils emploient	j' employais tu employais il employait n. employions v. employiez ils employaient	j' employai tu employas il employa n. employâmes v. employâtes ils employèrent	j' emploierai tu emploieras il emploiera n. emploierons v. emploierez ils emploieront

条 件 法	接 続 法		命 令 法	同 型
現　在	現　在	半 過 去		
je connaîtrais tu connaîtrais il connaîtrait n. connaîtrions v. connaîtriez ils connaîtraient	je connaisse tu connaisses il connaisse n. connaissions v. connaissiez ils connaissent	je connusse tu connusses il connût n. connussions v. connussiez ils connussent	connais connaissons connaissez	apparaître disparaître paraître reconnaître
je courrais tu courrais il courrait n. courrions v. courriez ils courraient	je coure tu coures il coure n. courions v. couriez ils courent	je courusse tu courusses il courût n. courussions v. courussiez ils courussent	cours courons courez	accourir parcourir
je craindrais tu craindrais il craindrait n. craindrions v. craindriez ils craindraient	je craigne tu craignes il craigne n. craignions v. craigniez ils craignent	je craignisse tu craignisses il craignît n. craignissions v. craignissiez ils craignissent	crains craignons craignez	atteindre éteindre joindre peindre plaindre
je croirais tu croirais il croirait n. croirions v. croiriez ils croiraient	je croie tu croies il croie n. croyions v. croyiez ils croient	je crusse tu crusses il crût n. crussions v. crussiez ils crussent	crois croyons croyez	
je devrais tu devrais il devrait n. devrions v. devriez ils devraient	je doive tu doives il doive n. devions v. deviez ils doivent	je dusse tu dusses il dût n. dussions v. dussiez ils dussent		
je dirais tu dirais il dirait n. dirions v. diriez ils diraient	je dise tu dises il dise n. disions v. disiez ils disent	je disse tu disses il dît n. dissions v. dissiez ils dissent	dis disons dites	
j' écrirais tu écrirais il écrirait n. écririons v. écririez ils écriraient	j' écrive tu écrives il écrive n. écrivions v. écriviez ils écrivent	j' écrivisse tu écrivisses il écrivît n. écrivissions v. écrivissiez ils écrivissent	écris écrivons écrivez	décrire inscrire
j' emploierais tu emploierais il emploierait n. emploierions v. emploieriez ils emploieraient	j' emploie tu emploies il emploie n. employions v. employiez ils emploient	j' employasse tu employasses il employât n. employassions v. employassiez ils employassent	emploie employons employez	aboyer nettoyer noyer tutoyer

不定法 現在分詞 過去分詞	直　　説　　法			
	現　　在	半　過　去	単純過去	単純未来
⑳ **envoyer** envoyant envoyé	j' envoie tu envoies il envoie n. envoyons v. envoyez ils envoient	j' envoyais tu envoyais il envoyait n. envoyions v. envoyiez ils envoyaient	j' envoyai tu envoyas il envoya n. envoyâmes v. envoyâtes ils envoyèrent	j' enverrai tu enverras il enverra n. enverrons v. enverrez ils enverront
㉑ **faire** faisant [fəzɑ̃] fait	je fais [fɛ] tu fais il fait n. faisons [fəzɔ̃] v. fai**tes** [fɛt] ils **font**	je faisais [fəzɛ] tu faisais il faisait n. faisions v. faisiez ils faisaient	je fis tu fis il fit n. fîmes v. fîtes ils firent	je ferai tu feras il fera n. ferons v. ferez ils feront
㉒ **falloir** — fallu	il faut	il fallait	il fallut	il faudra
㉓ **fuir** fuyant fui	je fuis tu fuis il fuit n. fuyons v. fuyez ils fuient	je fuyais tu fuyais il fuyait n. fuyions v. fuyiez ils fuyaient	je fuis tu fuis il fuit n. fuîmes v. fuîtes ils fuirent	je fuirai tu fuiras il fuira n. fuirons v. fuirez ils fuiront
㉔ **lire** lisant lu	je lis tu lis il lit n. lisons v. lisez ils lisent	je lisais tu lisais il lisait n. lisions v. lisiez ils lisaient	je lus tu lus il lut n. lûmes v. lûtes ils lurent	je lirai tu liras il lira n. lirons v. lirez ils liront
㉕ **manger** mangeant mangé	je mange tu manges il mange n. mangeons v. mangez ils mangent	je mangeais tu mangeais il mangeait n. mangions v. mangiez ils mangeaient	je mangeai tu mangeas il mangea n. mangeâmes v. mangeâtes ils mangèrent	je mangerai tu mangeras il mangera n. mangerons v. mangerez ils mangeront
㉖ **mettre** mettant mis	je mets tu mets il met n. mettons v. mettez ils mettent	je mettais tu mettais il mettait n. mettions v. mettiez ils mettaient	je mis tu mis il mit n. mîmes v. mîtes ils mirent	je mettrai tu mettras il mettra n. mettrons v. mettrez ils mettront
㉗ **mourir** mourant mort	je meurs tu meurs il meurt n. mourons v. mourez ils meurent	je mourais tu mourais il mourait n. mourions v. mouriez ils mouraient	je mourus tu mourus il mourut n. mourûmes v. mourûtes ils moururent	je mourrai tu mourras il mourra n. mourrons v. mourrez ils mourront

条 件 法	接 続 法		命 令 法	同 型
現 在	現 在	半 過 去		
j' enverrais tu enverrais il enverrait n. enverrions v. enverriez ils enverraient	j' envoie tu envoies il envoie n. envoyions v. envoyiez ils envoient	j' envoyasse tu envoyasses il envoyât n. envoyassions v. envoyassiez ils envoyassent	envoie envoyons envoyez	renvoyer
je ferais tu ferais il ferait n. ferions v. feriez ils feraient	je fasse tu fasses il fasse n. fassions v. fassiez ils fassent	je fisse tu fisses il fît n. fissions v. fissiez ils fissent	fais faisons faites	défaire refaire satisfaire
il faudrait	il faille	il fallût		
je fuirais tu fuirais il fuirait n. fuirions v. fuiriez ils fuiraient	je fuie tu fuies il fuie n. fuyions v. fuyiez ils fuient	je fuisse tu fuisses il fuît n. fuissions v. fuissiez ils fuissent	fuis fuyons fuyez	s'enfuir
je lirais tu lirais il lirait n. lirions v. liriez ils liraient	je lise tu lises il lise n. lisions v. lisiez ils lisent	je lusse tu lusses il lût n. lussions v. lussiez ils lussent	lis lisons lisez	élire relire
je mangerais tu mangerais il mangerait n. mangerions v. mangeriez ils mangeraient	je mange tu manges il mange n. mangions v. mangiez ils mangent	je mangeasse tu mangeasses il mangeât n. mangeassions v. mangeassiez ils mangeassent	mange mangeons mangez	changer déranger nager obliger partager voyager
je mettrais tu mettrais il mettrait n. mettrions v. mettriez ils mettraient	je mette tu mettes il mette n. mettions v. mettiez ils mettent	je misse tu misses il mît n. missions v. missiez ils missent	mets mettons mettez	admettre commettre permettre promettre remettre
je mourrais tu mourrais il mourrait n. mourrions v. mourriez ils mourraient	je meure tu meures il meure n. mourions v. mouriez ils meurent	je mourusse tu mourusses il mourût n. mourussions v. mourussiez ils mourussent	meurs mourons mourez	

不定法 現在分詞 過去分詞	直　説　法			
	現　　在	半　過　去	単純過去	単純未来
㉘ **naître** naissant né	je nais tu nais il naît n. naissons v. naissez ils naissent	je naissais tu naissais il naissait n. naissions v. naissiez ils naissaient	je naquis tu naquis il naquit n. naquîmes v. naquîtes ils naquirent	je naîtrai tu naîtras il naîtra n. naîtrons v. naîtrez ils naîtront
㉙ **ouvrir** ouvrant ouvert	j' ouvre tu ouvres il ouvre n. ouvrons v. ouvrez ils ouvrent	j' ouvrais tu ouvrais il ouvrait n. ouvrions v. ouvriez ils ouvraient	j' ouvris tu ouvris il ouvrit n. ouvrîmes v. ouvrîtes ils ouvrirent	j' ouvrirai tu ouvriras il ouvrira n. ouvrirons v. ouvrirez ils ouvriront
㉚ **partir** partant parti	je pars tu pars il part n. partons v. partez ils partent	je partais tu partais il partait n. partions v. partiez ils partaient	je partis tu partis il partit n. partîmes v. partîtes ils partirent	je partirai tu partiras il partira n. partirons v. partirez ils partiront
㉛ **payer** payant payé	je paie [pɛ] tu paies il paie n. payons v. payez ils paient - - - - - - - je paye [pɛj] tu payes il paye n. payons v. payez ils payent	je payais tu payais il payait n. payions v. payiez ils payaient	je payai tu payas il paya n. payâmes v. payâtes ils payèrent	je paierai tu paieras il paiera n. paierons v. paierez ils paieront - - - - - - - je payerai tu payeras il payera n. payerons v. payerez ils payeront
㉜ **placer** plaçant placé	je place tu places il place n. plaçons v. placez ils placent	je plaçais tu plaçais il plaçait n. placions v. placiez ils plaçaient	je plaçai tu plaças il plaça n. plaçâmes v. plaçâtes ils placèrent	je placerai tu placeras il placera n. placerons v. placerez ils placeront
㉝ **plaire** plaisant plu	je plais tu plais il plaît n. plaisons v. plaisez ils plaisent	je plaisais tu plaisais il plaisait n. plaisions v. plaisiez ils plaisaient	je plus tu plus il plut n. plûmes v. plûtes ils plurent	je plairai tu plairas il plaira n. plairons v. plairez ils plairont
㉞ **pleuvoir** pleuvant plu	il pleut	il pleuvait	il plut	il pleuvra

条 件 法	接 続 法		命 令 法	同 型
現　在	現　在	半 過 去		
je naîtrais tu naîtrais il naîtrait n. naîtrions v. naîtriez ils naîtraient	je naisse tu naisses il naisse n. naissions v. naissiez ils naissent	je naquisse tu naquisses il naquît n. naquissions v. naquissiez ils naquissent	nais naissons naissez	
j' ouvrirais tu ouvrirais il ouvrirait n. ouvririons v. ouvririez ils ouvriraient	j' ouvre tu ouvres il ouvre n. ouvrions v. ouvriez ils ouvrent	j' ouvrisse tu ouvrisses il ouvrît n. ouvrissions v. ouvrissiez ils ouvrissent	ouvre ouvrons ouvrez	couvrir découvrir offrir souffrir
je partirais tu partirais il partirait n. partirions v. partiriez ils partiraient	je parte tu partes il parte n. partions v. partiez ils partent	je partisse tu partisses il partît n. partissions v. partissiez ils partissent	pars partons partez	dormir ressortir sentir servir sortir
je paierais tu paierais il paierait n. paierions v. paieriez ils paieraient	je paie tu paies il paie n. payions v. payiez ils paient	je payasse tu payasses il payât n. payassions v. payassiez ils payassent	paie payons payez	effrayer essayer
je payerais tu payerais il payerait n. payerions v. payeriez ils payeraient	je paye tu payes il paye n. payions v. payiez ils payent		paye payons payez	
je placerais tu placerais il placerait n. placerions v. placeriez ils placeraient	je place tu places il place n. placions v. placiez ils placent	je plaçasse tu plaçasses il plaçât n. plaçassions v. plaçassiez ils plaçassent	place plaçons placez	annoncer avancer commencer forcer lancer prononcer
je plairais tu plairais il plairait n. plairions v. plairiez ils plairaient	je plaise tu plaises il plaise n. plaisions v. plaisiez ils plaisent	je plusse tu plusses il plût n. plussions v. plussiez ils plussent	plais plaisons plaisez	complaire déplaire (se) taire 注 過去分詞 plu は不変
il pleuvrait	il pleuve	il plût		

不定法 現在分詞 過去分詞	直　　説　　法			
	現　　在	半　過　去	単純過去	単純未来
㉟ **pouvoir** pouvant pu	je peux (puis) tu peux il peut n. pouvons v. pouvez ils peuvent	je pouvais tu pouvais il pouvait n. pouvions v. pouviez ils pouvaient	je pus tu pus il put n. pûmes v. pûtes ils purent	je pourrai tu pourras il pourra n. pourrons v. pourrez ils pourront
㊱ **préférer** préférant préféré	je préfère tu préfères il préfère n. préférons v. préférez ils préfèrent	je préférais tu préférais il préférait n. préférions v. préfériez ils préféraient	je préférai tu préféras il préféra n. préférâmes v. préférâtes ils préférèrent	je préférerai tu préféreras il préférera n. préférerons v. préférerez ils préféreront
㊲ **prendre** prenant pris	je prends tu prends il prend n. prenons v. prenez ils prennent	je prenais tu prenais il prenait n. prenions v. preniez ils prenaient	je pris tu pris il prit n. prîmes v. prîtes ils prirent	je prendrai tu prendras il prendra n. prendrons v. prendrez ils prendront
㊳ **recevoir** recevant reçu	je reçois tu reçois il reçoit n. recevons v. recevez ils reçoivent	je recevais tu recevais il recevait n. recevions v. receviez ils recevaient	je reçus tu reçus il reçut n. reçûmes v. reçûtes ils reçurent	je recevrai tu recevras il recevra n. recevrons v. recevrez ils recevront
㊴ **rendre** rendant rendu	je rends tu rends il rend n. rendons v. rendez ils rendent	je rendais tu rendais il rendait n. rendions v. rendiez ils rendaient	je rendis tu rendis il rendit n. rendîmes v. rendîtes ils rendirent	je rendrai tu rendras il rendra n. rendrons v. rendrez ils rendront
㊵ **résoudre** résolvant résolu	je résous tu résous il résout n. résolvons v. résolvez ils résolvent	je résolvais tu résolvais il résolvait n. résolvions v. résolviez ils résolvaient	je résolus tu résolus il résolut n. résolûmes v. résolûtes ils résolurent	je résoudrai tu résoudras il résoudra n. résoudrons v. résoudrez ils résoudront
㊶ **rire** riant ri	je ris tu ris il rit n. rions v. riez ils rient	je riais tu riais il riait n. riions v. riiez ils riaient	je ris tu ris il rit n. rîmes v. rîtes ils rirent	je rirai tu riras il rira n. rirons v. rirez ils riront
㊷ **savoir** sachant su	je sais tu sais il sait n. savons v. savez ils savent	je savais tu savais il savait n. savions v. saviez ils savaient	je sus tu sus il sut n. sûmes v. sûtes ils surent	je saurai tu sauras il saura n. saurons v. saurez ils sauront

条 件 法	接 続 法		命 令 法	同 型
現　在	現　在	半 過 去		
je pourrais tu pourrais il pourrait n. pourrions v. pourriez ils pourraient	je puisse tu puisses il puisse n. puissions v. puissiez ils puissent	je pusse tu pusses il pût n. pussions v. pussiez ils pussent		
je préférerais tu préférerais il préférerait n. préférerions v. préféreriez ils préféreraient	je préfère tu préfères il préfère n. préférions v. préfériez ils préfèrent	je préférasse tu préférasses il préférât n. préférassions v. préférassiez ils préférassent	préfère préférons préférez	céder considérer espérer pénétrer posséder répéter
je prendrais tu prendrais il prendrait n. prendrions v. prendriez ils prendraient	je prenne tu prennes il prenne n. prenions v. preniez ils prennent	je prisse tu prisses il prît n. prissions v. prissiez ils prissent	prends prenons prenez	apprendre comprendre entreprendre reprendre surprendre
je recevrais tu recevrais il recevrait n. recevrions v. recevriez ils recevraient	je reçoive tu reçoives il reçoive n. recevions v. receviez ils reçoivent	je reçusse tu reçusses il reçût n. reçussions v. reçussiez ils reçussent	reçois recevons recevez	apercevoir concevoir décevoir
je rendrais tu rendrais il rendrait n. rendrions v. rendriez ils rendraient	je rende tu rendes il rende n. rendions v. rendiez ils rendent	je rendisse tu rendisses il rendît n. rendissions v. rendissiez ils rendissent	rends rendons rendez	attendre descendre entendre perdre répondre vendre
je résoudrais tu résoudrais il résoudrait n. résoudrions v. résoudriez ils résoudraient	je résolve tu résolves il résolve n. résolvions v. résolviez ils résolvent	je résolusse tu résolusses il résolût n. résolussions v. résolussiez ils résolussent	résous résolvons résolvez	
je rirais tu rirais il rirait n. ririons v. ririez ils riraient	je rie tu ries il rie n. riions v. riiez ils rient	je risse tu risses il rît n. rissions v. rissiez ils rissent	ris rions riez	sourire 囲 過去分詞 ri は不変
je saurais tu saurais il saurait n. saurions v. sauriez ils sauraient	je sache tu saches il sache n. sachions v. sachiez ils sachent	je susse tu susses il sût n. sussions v. sussiez ils sussent	sache sachons sachez	

不定法 現在分詞 過去分詞	直　　説　　法			
	現　在	半過去	単純過去	単純未来
㊸ **suffire** suffisant suffi	je suffis tu suffis il suffit n. suffisons v. suffisez ils suffisent	je suffisais tu suffisais il suffisait n. suffisions v. suffisiez ils suffisaient	je suffis tu suffis il suffit n. suffîmes v. suffîtes ils suffirent	je suffirai tu suffiras il suffira n. suffirons v. suffirez ils suffiront
㊹ **suivre** suivant suivi	je suis tu suis il suit n. suivons v. suivez ils suivent	je suivais tu suivais il suivait n. suivions v. suiviez ils suivaient	je suivis tu suivis il suivit n. suivîmes v. suivîtes ils suivirent	je suivrai tu suivras il suivra n. suivrons v. suivrez ils suivront
㊺ **vaincre** vainquant vaincu	je vaincs tu vaincs il vainc n. vainquons v. vainquez ils vainquent	je vainquais tu vainquais il vainquait n. vainquions v. vainquiez ils vainquaient	je vainquis tu vainquis il vainquit n. vainquîmes v. vainquîtes ils vainquirent	je vaincrai tu vaincras il vaincra n. vaincrons v. vaincrez ils vaincront
㊻ **valoir** valant valu	je vaux tu vaux il vaut n. valons v. valez ils valent	je valais tu valais il valait n. valions v. valiez ils valaient	je valus tu valus il valut n. valûmes v. valûtes ils valurent	je vaudrai tu vaudras il vaudra n. vaudrons v. vaudrez ils vaudront
㊼ **venir** venant venu	je viens tu viens il vient n. venons v. venez ils viennent	je venais tu venais il venait n. venions v. veniez ils venaient	je vins tu vins il vint n. vînmes v. vîntes ils vinrent	je viendrai tu viendras il viendra n. viendrons v. viendrez ils viendront
㊽ **vivre** vivant vécu	je vis tu vis il vit n. vivons v. vivez ils vivent	je vivais tu vivais il vivait n. vivions v. viviez ils vivaient	je vécus tu vécus il vécut n. vécûmes v. vécûtes ils vécurent	je vivrai tu vivras il vivra n. vivrons v. vivrez ils vivront
㊾ **voir** voyant vu	je vois tu vois il voit n. voyons v. voyez ils voient	je voyais tu voyais il voyait n. voyions v. voyiez ils voyaient	je vis tu vis il vit n. vîmes v. vîtes ils virent	je verrai tu verras il verra n. verrons v. verrez ils verront
㊿ **vouloir** voulant voulu	je veux tu veux il veut n. voulons v. voulez ils veulent	je voulais tu voulais il voulait n. voulions v. vouliez ils voulaient	je voulus tu voulus il voulut n. voulûmes v. voulûtes ils voulurent	je voudrai tu voudras il voudra n. voudrons v. voudrez ils voudront

条 件 法	接 続 法		命 令 法	同 型
現　在	現　在	半 過 去		
je suffirais tu suffirais il suffirait n. suffirions v. suffiriez ils suffiraient	je suffise tu suffises il suffise n. suffisions v. suffisiez ils suffisent	je suffisse tu suffisses il suffît n. suffissions v. suffissiez ils suffissent	suffis suffisons suffisez	注 過去分詞 suffi は不変
je suivrais tu suivrais il suivrait n. suivrions v. suivriez ils suivraient	je suive tu suives il suive n. suivions v. suiviez ils suivent	je suivisse tu suivisses il suivît n. suivissions v. suivissiez ils suivissent	suis suivons suivez	poursuivre
je vaincrais tu vaincrais il vaincrait n. vaincrions v. vaincriez ils vaincraient	je vainque tu vainques il vainque n. vainquions v. vainquiez ils vainquent	je vainquisse tu vainquisses il vainquît n. vainquissions v. vainquissiez ils vainquissent	vaincs vainquons vainquez	convaincre
je vaudrais tu vaudrais il vaudrait n. vaudrions v. vaudriez ils vaudraient	je vaille tu vailles il vaille n. valions v. valiez ils vaillent	je valusse tu valusses il valût n. valussions v. valussiez ils valussent		
je viendrais tu viendrais il viendrait n. viendrions v. viendriez ils viendraient	je vienne tu viennes il vienne n. venions v. veniez ils viennent	je vinsse tu vinsses il vînt n. vinssions v. vinssiez ils vinssent	viens venons venez	appartenir devenir obtenir revenir (se) souvenir tenir
je vivrais tu vivrais il vivrait n. vivrions v. vivriez ils vivraient	je vive tu vives il vive n. vivions v. viviez ils vivent	je vécusse tu vécusses il vécût n. vécussions v. vécussiez ils vécussent	vis vivons vivez	survivre
je verrais tu verrais il verrait n. verrions v. verriez ils verraient	je voie tu voies il voie n. voyions v. voyiez ils voient	je visse tu visses il vît n. vissions v. vissiez ils vissent	vois voyons voyez	entrevoir revoir
je voudrais tu voudrais il voudrait n. voudrions v. voudriez ils voudraient	je veuille tu veuilles il veuille n. voulions v. vouliez ils veuillent	je voulusse tu voulusses il voulût n. voulussions v. voulussiez ils voulussent	veuille veuillons veuillez	

◆ 動詞変化に関する注意

不定法
-er
-ir
-re
-oir

現在分詞
-ant

	直説法現在		直・半過去	直・単純未来	条・現在
je	**-e**	**-s**	**-ais**	**-rai**	**-rais**
tu	**-es**	**-s**	**-ais**	**-ras**	**-rais**
il	**-e**	**-t**	**-ait**	**-ra**	**-rait**
nous	**-ons**		**-ions**	**-rons**	**-rions**
vous	**-ez**		**-iez**	**-rez**	**-riez**
ils	**-ent**		**-aient**	**-ront**	**-raient**

	直・単純過去			接・現在	接・半過去	命　令　法	
je	**-ai**	**-is**	**-us**	**-e**	**-sse**		
tu	**-as**	**-is**	**-us**	**-es**	**-sses**	**-e**	**-s**
il	**-a**	**-it**	**-ut**	**-e**	**-ˆt**		
nous	**-âmes**	**-îmes**	**-ûmes**	**-ions**	**-ssions**	**-ons**	
vous	**-âtes**	**-îtes**	**-ûtes**	**-iez**	**-ssiez**	**-ez**	
ils	**-èrent**	**-irent**	**-urent**	**-ent**	**-ssent**		

〔複合時制〕

直　説　法	条　件　法
複合過去（助動詞の直・現在＋過去分詞）	過　去（助動詞の条・現在＋過去分詞）
大 過 去（助動詞の直・半過去＋過去分詞）	接　続　法
前 過 去（助動詞の直・単純過去＋過去分詞）	過　去（助動詞の接・現在＋過去分詞）
前 未 来（助動詞の直・単純未来＋過去分詞）	大過去（助動詞の接・半過去＋過去分詞）

* **現在分詞**は，通常，直説法・現在 1 人称複数の語尾 -ons を -ant に変えて作ることができる．(nous connaissons → connaissant)
* **直説法・半過去**の 1 人称単数は，通常，直説法・現在 1 人称複数の語尾 -ons を -ais に変えて作ることができる．(nous buvons → je buvais)
* **直説法・単純未来と条件法・現在**は，通常，不定法から作ることができる．
  （単純未来： aimer → j'aimerai　　finir → je finirai　　écrire → j'écrirai)
  　　ただし，-oir 型動詞の語幹は不規則．(pouvoir → je pourrai　　savoir → je saurai)
* **接続法・現在**の 1 人称単数は，通常，直説法・現在 3 人称複数の語尾 -ent を -e に変えて作ることができる．(ils finissent → je finisse)
* **命令法**は，直説法・現在の 2 人称単数，1 人称複数，2 人称複数から，それぞれの主語 tu, nous, vous を取って作ることができる．（ただし，tu -es → -e　　tu vas → va)
  　　avoir, être, savoir, vouloir の命令法は接続法・現在から作る．

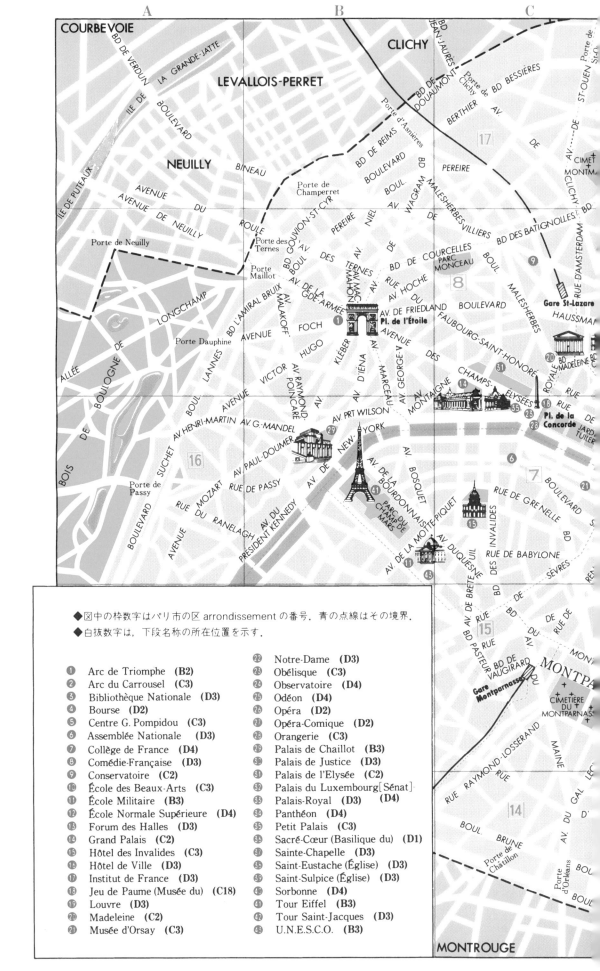

COURBEVOIE

CLICHY

LEVALLOIS-PERRET

NEUILLY

MONTROUGE

◆図中の枠数字はパリ市の区 arrondissement の番号．青の点線はその境界．

◆白抜数字は，下段名称の所在位置を示す．

❶	Arc de Triomphe	**(B2)**
❷	Arc du Carrousel	**(C3)**
❸	Bibliothèque Nationale	**(D3)**
❹	Bourse	**(D2)**
❺	Centre G. Pompidou	**(C3)**
❻	Assemblée Nationale	**(D3)**
❼	Collège de France	**(D4)**
❽	Comédie-Française	**(D3)**
❾	Conservatoire	**(C2)**
❿	École des Beaux-Arts	**(C3)**
⓫	École Militaire	**(B3)**
⓬	École Normale Supérieure	**(D4)**
⓭	Forum des Halles	**(D3)**
⓮	Grand Palais	**(C2)**
⓯	Hôtel des Invalides	**(C3)**
⓰	Hôtel de Ville	**(D3)**
⓱	Institut de France	**(D3)**
⓲	Jeu de Paume (Musée du)	**(C18)**
⓳	Louvre	**(D3)**
⓴	Madeleine	**(C2)**
㉑	Musée d'Orsay	**(C3)**
㉒	Notre-Dame	**(D3)**
㉓	Obélisque	**(C3)**
㉔	Observatoire	**(D4)**
㉕	Odéon	**(D4)**
㉖	Opéra	**(D2)**
㉗	Opéra-Comique	**(D2)**
㉘	Orangerie	**(C3)**
㉙	Palais de Chaillot	**(B3)**
㉚	Palais de Justice	**(D3)**
㉛	Palais de l'Elysée	**(C2)**
㉜	Palais du Luxembourg[Sénat]	**(D4)**
㉝	Palais-Royal	**(D3)**
㉞	Panthéon	**(D4)**
㉟	Petit Palais	**(C3)**
㊱	Sacré-Cœur (Basilique du)	**(D1)**
㊲	Sainte-Chapelle	**(D3)**
㊳	Saint-Eustache (Église)	**(D3)**
㊴	Saint-Sulpice (Église)	**(D3)**
㊵	Sorbonne	**(D4)**
㊶	Tour Eiffel	**(B3)**
㊷	Tour Saint-Jacques	**(D3)**
㊸	U.N.E.S.C.O.	**(B3)**